Lore Galitz
Zeit für Rituale

Inspirierende Rituale für ein erfülltes Leben

INHALT

Vom Wesen der Rituale   7

Was Rituale bewirken   8
    Rituale schaffen Halt und Stabilität   8
    Rituale schaffen Konzentration und Intensität   12
    Rituale bringen uns in Verbindung   14

Wie Rituale wirken   17
    Rituale wirken über alle Zugänge   17
    Rituale wirken als Lebenstraining   19
    Rituale wirken auf allen Ebenen   20
    Rituale wirken über uraltes Wissen   21
    Rituale wirken durch nachhaltiges Wiederholen   23
    Rituale wirken über den unerklärbaren Zauber   23

Die grundlegenden Elemente eines Rituals   25
    Die klare Absicht   25
    Der geschützte Raum   26
    Die innere Zentrierung   28
    Der grundlegende Ablauf   31
    Die Anbindung an eine höhere Ordnung   32

Windmühlen stehen für das bewegende Element der Luft, wichtig in vielen Ritualen.

INHALT

Die Teile des Ganzen · 35

Die Elemente · 35
- Das Element Feuer · 36
- Das Element Wasser · 41
- Das Element Erde · 46
- Das Element Luft · 52

Symbole · 56
- Der Kreis · 57
- Die Linie · 59
- Das Dreieck · 61
- Das Quadrat · 63

Gesten · 64
- Das Verbinden · 65
- Das Trennen · 67
- Das Loslassen · 67
- Das Herbeiholen · 69
- Das Integrieren · 70

In Loslassritualen kann man Blüten auf dem Wasser davontreiben lassen.

Schritt für Schritt · 73

Die Vorbereitung · 73
- Die klare Absicht · 74
- Der Ritualplatz · 75
- Die Reinigung · 78
- Die ordnende Vorbereitung · 80
- Die Gewandung · 82

Das eigentliche Ritual · 83
- Den Raum betreten · 84
- Das Signal des Beginns · 85
- Zentrierung und Teilnahmeerklärung · 86
- Die Anrufung · 88
- Der Kernteil · 91
- Der Dank und die Verabschiedung der Kräfte · 95

Inhalt

Jede Jahreszeit lädt zu eigenen Ritualen ein.

Die Zentrierung lösen	95
Das Signal des Endes	97
Den Raum verlassen	97
Die Nachbereitung	**98**

Würdigen, was da ist 101

Das Leben ist gut	102
Kreis des Lichts	103
Girlande der Lebensfülle	103
Das schöne Miteinander	104
Das unendliche Liebesfeuer	105
Aus ganzem Herzen geben und nehmen	106

Inhalt

Das Ende vollziehen   109

Loslassen, was vergangen ist   110
- Feuerwandel   113
- Das gekappte Band   115
- Das Ablösen   117
- Von der Last befreit   118
- Das Reinemachen   119

Heilsames Verabschieden   121
- Mit dem Fluss davon   121
- Dem Himmel entgegen   123
- Nach und nach   124

Kraftvolle Übergänge   127

Auf ins Neue   128
- Die neue Lebensphase   128
- Was danach kommt   131

Mit den Rhythmen des Jahres   134
- Altes zurücklassen und Neues begrüßen   135
- Frühlingsruf nach Veränderung   138
- Blühende Wonnezeit voller Liebe und Lebensfreude   139
- Konkret werden, wenn die Früchte reifen   141
- Im Herbst ernten und reflektieren   143
- In der Ruhe loslassen und bewahren   145

Die tägliche Kraftquelle   147
- Den guten neuen Tag begrüßen   149
- Der gestärkte Feierabend   152

Literaturempfehlungen   155

Danksagung   155

Zur Autorin   156

Register   157

Impressum   160

Vom Wesen der Rituale

Kürzlich blätterte ich in einer Buchhandlung in einem Buch herum, in dem Prominente auf humorige Weise von ihren Macken und Ticks berichteten. Immer wieder gab es Stellen im Text, in denen sie diese als Ritual bezeichneten. Zunehmend finden sich auch Zeitungsnotizen darüber, dass etwas »als ein Ritual« ausgeführt wird. Der neue Showmaster besiegelt seinen Vertrag per »rituellem Handschlag«. Der erfolgreiche Manager beginnt den Tag regelmäßig mit seinem »Morgenritual« — und meint damit einfach, dass er jeden Morgen läuft. Man liest viel von Wochenendritualen und von Pflegeritualen. Vielfach fällt auch der Begriff vom Feierabendritual, bei dem es bei den meisten doch nur darum geht, die bequeme Schlabberhose anzuziehen und sich mit einem entspannenden Drink auf ihr Sofa sinken zu lassen. Sicher, ein Ritual hat etwas damit zu tun, dass eine Handlung auf gleichbleibende Weise wiederholt wird. Das macht es aber nicht allein aus. Die deutliche Rückbesinnung auf Rituale freut mich als Ritualmeisterin natürlich. Doch es existieren dabei große Anziehung und Unsicherheit zugleich. Viele möchten gern »echte« Rituale für sich durchführen, haben aber Angst, etwas falsch zu machen. Denn überliefert ist uns wenig, oder es besteht nur in speziellen spirituellen Zusammenhängen. So bleiben die meisten in einfachen, wiederkehrenden Handlungen stecken, ohne jemals die enorme Vielfalt und Wirkkraft der Rituale zu erfahren. Dieses Buch möchte das für Sie ändern, indem es Sie Schritt für Schritt auf den Weg zu wirkungsvollen, belebenden, individuellen Ritualen — zu »Ihren« Ritualen — führt.

Nicht alles, was als Ritual bezeichnet wird, ist auch eins.

Was Rituale bewirken

Ein Ritual ist eine wiederkehrende, klar im Ablauf definierte Handlungsabfolge. Es ist aber viel mehr als das und vermag auch weitaus mehr. Ein Ritual bringt Ihnen insbesondere innere Ruhe, Halt und Stabilität. Es schafft einen geschützten Raum der Konzentration und Intensität, durch den Sie sich zentrieren und in tiefere Verbindung kommen können: zu sich selbst und zu den Sie umgebenden Kräften und Energien. Daraus können Sie neue Impulse und neue Kraft für sich gewinnen.

Rituale haben mehr Kraft und Wirksamkeit, als uns meist bewusst ist.

Deshalb werden Ihnen hier die Grundzüge von Ritualen beschrieben und erläutert. Damit werden Sie in die Lage versetzt, die wirkliche Kraft des Rituals für sich zu nutzen, ohne sich auf bestimmte Überzeugungen einlassen zu müssen. Denn Sie finden hier die wirkkräftige Essenz vor, den übereinstimmenden Kern von Ritualen unterschiedlicher Herkunft. So können Sie zu Ihrem persönlichen Wohl einfache und dabei doch sehr wirkungsvolle Rituale für sich kreieren und durchführen.

Rituale schaffen Halt und Stabilität

Wiederkehrende Handlungen geben Stabilität und Sicherheit. So macht es Kindern überhaupt nichts aus, dieselbe Geschichte immer wieder anzuhören, sie fordern es sogar ein. Bei Kindern geschieht ja auch jeden Tag so viel Unbekanntes und Neues, dass sie als Gegensatz dazu einen gleichbleibenden Halt brauchen. Deshalb gibt es auch die sogenannten Zu-Bett-bring-Rituale, die wir Erwachsene mit unseren Kindern durchführen. Eine gleichbleibende Handlungsroutine kann den turbulenten Tag abschließen, alle Aufregung beruhigen und die nötige Stabilität für die Nachtruhe schaffen.

Rituale geben Halt

Mein jüngster Sohn besteht allabendlich auf die von ihm so benannte »goldene Regel« beim Zubettgehen. Sie besteht darin, dass zuerst Mama ihn in genau definierter Art küssen muss und dann Papa. Anwesende Gäste werden nach Papas Einsatz ebenfalls zum Gute-Nacht-Sagen von ihm herbeizitiert ... Wenn wir ehrlich sind, verhalten wir uns ganz ähnlich. Auch wir begleiten unser Zubettgehen mit gleichbleibenden Handlungen. Solche Routinen wünschen und brauchen wir, weil sie uns das ersehnte Gefühl von Sicherheit geben.

So ist auch die Art und Weise, wie wir einander begrüßen, auf gleichbleibende Weise definiert. Wen begrüßen wir zuerst, wem geben wir die Hand, wen umarmen oder küssen wir – das bestimmt gleich zu Beginn die gesamte Begegnung. Das sagt gleich etwas aus über Herkunft, Rang, Zugehörigkeit, Alter und Grad der Intimität. Darüber ist sofort festgelegt, ob wir dazugehören oder nicht. Dabei alles so zu machen, wie es gebräuchlich ist, gibt Akzeptanz und Sicherheit. In solch einem Zusammenhang spricht man davon, dass etwas Brauch und Sitte ist, und man spricht von Tradition.

Ritual – oder Routine?

Immer gleich ausgeführte Handlungen werden allgemein auch als Routine bezeichnet. Der Begriff hat allerdings den unangenehmen Beigeschmack von festgefahrener Langeweile. Vielleicht um nicht als komplette Langweiler dazustehen, nennen wir sie lieber Rituale. Denn ein Ritual trägt immer auch das Wissen um eine unerklärliche tiefe Wirkung mit sich.

Wenn die Menschen eines Volkes regelmäßig jeden Morgen die aufgehende Sonne begrüßen und damit deren Leben spendende Kraft ehren und sich mit ihr verbinden, ist das ein kraftvolles

> Wenn Sie Ihren Alltag besehen, finden Sie sicherlich Routinen, die Sie in stützende Rituale umwandeln können.

Vom Wesen der Rituale

Gerade in Krisenzeiten kann eine — am besten zuvor etablierte — Ritualpraxis den nötigen Halt geben.

Ritual, das eine solche unerklärliche tiefe Wirkung hat. Wenn Sie jeden Tag das gleiche morgendliche Pflegeprogramm absolvieren, ist das kein Ritual, sondern eine Routine. Selbst wenn alle Menschen um Sie herum morgens die gleichen Pflegeroutinen absolvieren, werden sie dadurch immer noch nicht zum Ritual. Solange ein Empfinden dafür besteht, dass eine solche Routine Ihnen zu Stabilität verhilft, bringt sie tatsächlich die gewünschte Sicherheit. Sobald das Programm nur aus reiner Gewohnheit abgespult wird, verkommt die eigentlich funktionierende Abfolge zur begrenzenden Marotte. Von einem Ritual kann man erst sprechen, wenn eine Bewusstheit über die darin enthaltene stabilisierende Ordnung besteht. Denn ein Ritual ist durch seine festgelegte Abfolge in der Lage, Sicherheit zu vermitteln und Halt und Konstanz zu geben. Das vermag es auch in Zeiten, wenn alles scheinbar drunter und drüber geht. Gerade dann ist es auch besonders wichtig. Und darin liegt seine besondere Qualität. So bedankte sich nach einem kürzlich von mir ausgeführten öffentlichen Loslassritual eine Teilnehmerin glücklich dafür, dass ich ihr wieder den Zugang zu Ritualen ermöglicht habe. Durch ihre Arbeitslosigkeit hatte sie ihren äußeren und damit auch inneren Halt verloren. Das Ritual hat ihn ihr wiedergegeben.

Ritual — oder Zeremonie?

Wir sollten in dem Zusammenhang noch einen Unterschied definieren, und zwar zwischen Zeremonie und Ritual. Eine Zeremonie ist ein feierlicher Akt, eine feierliche Handlung, die nach einer genau definierten Reihenfolge abläuft. Der Zeremonienmeister ist also derjenige, der darauf achtet, dass die Handlungen in der vorgesehenen Form und Reihenfolge durchgeführt werden. Der Schwerpunkt liegt dabei auf der Festlichkeit des Ganzen und auf dem exakten Ablauf. Inhaltlich reicht es von Hochzeitszeremonien bei den Royals bis zu Begrüßungszeremonien bei Staatsempfängen. Wichtig sind die präzise Abfolge und die klare Ordnung, wohingegen im Ritual zudem die Wirkkraft entscheidend ist, wie Sie noch sehen werden.

Ist Ihr Blick erst einmal für Rituale und Zeremonien geweckt, werden Sie überall auf solche Ereignisse stoßen.

> ### Innere und äußere Stabilität
> Durch das Zeremoniell bei Staatsbesuchen wie auch bei Geschäftsempfängen will man dem anwesenden Gast oder Verhandlungspartner signalisieren, dass man ein ordentlicher, starker und verlässlicher Vertragspartner ist. Ebenso soll ein strenges und starres Hofzeremoniell durch seine exakt festgelegte Statik die Stabilität des Königshauses repräsentieren. Da der König sein Land verkörpert, unterstützt das klar geregelte Zeremoniell somit weiterreichend die Stabilität des ganzen Landes. Durch eine Zeremonie wird nicht nur eine bestehende Ordnung vollzogen, sondern sie wird übergeordnet auch geschaffen und stabilisiert.

In der regelhaften Struktur von Zeremonien und Ritualen liegt ein großer Teil von deren Qualität. Sie schafft große Sicherheit für die Beteiligten. Bei einer Zeremonie und noch mehr bei einem wiederkehrenden Ritual wissen wir: »Das läuft nach den und den Regeln ab, daran habe ich mich zu halten.« In dieser Hinsicht sind wir alle zur Einhaltung von Regeln und von Etiketten konditioniert, oftmals ohne uns bewusst darüber im Klaren zu sein. Genau diese Reguliertheit schafft den notwendigen geschützten Rahmen. Innerhalb dessen kann auch Notwendiges, was noch

Vom Wesen der Rituale

Auch in Kampfkünsten gibt es einen klaren Rahmen durch ritualisierte Gesten.

Disziplin war auch eine der Basisfertigkeiten, die meine schamanische Lehrerin uns streng gelehrt hat. Wenngleich es manchmal hart war, bin ich ihr dafür sehr dankbar. Wehe, wir hatten uns bei Ritualen in Emotionen verloren!

gesagt werden muss, wirklich ausgesprochen werden — beispielsweise in einem Trennungs- oder Versöhnungsritual. Jeder hält sich an die Regeln. Die Emotionen kochen nicht unnötig hoch, es gibt kein Untergehen in eventuell noch bestehenden Verletzungen. So kann das Ritual in der notwendigen Weise und Form ablaufen und dadurch seine Wirkkraft entfalten. Würde sich dabei jeder in seinen Emotionen verlieren, würde es nicht funktionieren. Es bedarf also einer gewissen klaren Struktur und Reihenfolge und der dazu gehörenden Disziplin, sich an diese auch zu halten.

Rituale schaffen Konzentration und Intensität

Die klare Struktur hat neben der Sicherheit und Stabilität noch einen weiteren wichtigen Effekt. Eine regelhafte Struktur mit ihrem klaren Ablauf bewirkt auch die besondere konzentrierte Qualität eines Rituals. Durch den gleichbleibenden Ablauf

Ein geschützter Rahmen

wird nicht nur ein geschützter, sondern überhaupt ein besonderer Raum geschaffen. Sobald das Ritual beginnt, gilt ein Ausnahmezustand. Es gelten dann nur noch die Ritualregeln, alles andere ist außer Kraft gesetzt. Das wissen alle Ritualteilnehmer, und das spüren auch alle. Der klar definierte rituelle Raum lässt eine besondere Form von Konzentration und Intensität entstehen, in der so unvergleichlich mehr möglich sein kann als im Alltag.

Ich bin mitunter selbst noch überrascht, wie weit meine Teilnehmer mit mir mitgehen in einem Ritual. Es berührt mich sehr, wie tief gehend sie sich in diesem besonderen Rahmen auf das Geschehen einlassen. Und das innerhalb des formal recht kurzen Zeitraums, den ein Ritual meist beansprucht. Ich habe als Teilnehmerin manchmal innerhalb von mehrtägigen Selbsterfahrungsseminaren ähnliche Momente der Konzentration erlebt, aber in dem Ausnahme-Raum eines Rituals gelingt diese Intensität wirklich binnen Minuten und mit größter Kraft.

Und diese Intensität ist letztlich der Schlüsselpunkt. Bei königlichen Hochzeitszeremonien beschreiben die Fernsehkommentatoren gern endlos die genaue Abfolge des Eintretens in die Kirche, die Sitzordnung, die Kleiderordnung, die Titel. Als es bei einer dieser Hochzeiten dann schließlich inmitten der ganzen pompösen Zeremonie um die eigentliche Trauformel ging, also darum, vor höheren Kräften eine innige Verbindung einzugehen, sprach der Kommentator dann endlich von dem »uralten Ritual«, das seine Macht entfaltet.

Der wirkkräftige Kern, wenn also die Verbindung zu den wirkenden Kräften geschaffen und eingegangen wird, ist das eigentliche Ritual mit seiner zwar ein Stück weit erklärbaren, aber letztlich doch unerklärlichen Intensität und Kraft.

Die Kraft eines gelungenen Rituals offenbart sich den Teilnehmenden unmittelbar, auch wenn sie oft nicht direkt benennen können, was mit ihnen geschieht.

VOM WESEN DER RITUALE

Rituale bringen uns in Verbindung

Der Schwerpunkt eines Rituals liegt also nicht einfach nur in der Wiederholung, sondern in der besonderen Form der Ordnung. Vom Lateinischen her heißt *Ritus* auch einfach »Zeremonie«. Geht man noch weiter zurück, so lässt es sich aus dem Sanskrit von *Rita* herleiten, was so viel wie »Wahrheit« oder »Ordnung« heißt. Gemeint ist damit die kosmische Ordnung, die Ordnung des Universums und alle natürlichen Rhythmen, bis hin zum Wechsel von Tag und

Mit Ritualen sind auch häufig irgendwelche Vorstellungen von manipulativer Magie verbunden und von dubiosem Beschwörungszauber, der den Angebeteten aus den Klauen einer Widersacherin befreien oder einen Lottogewinn herbeizaubern soll. Aber darum geht in ihrem Kern gar nicht.

Einfach nur räuchern und beten

In unseren damaligen Lehrlingskreis hatte einst unsere schamanische Lehrerin als Gast Großmutter Elsie nach Deutschland mitgebracht, eine Navajo-Älteste und damit die Halterin der Traditionen. Alle Teilnehmer dieses besonderen Zusammentreffens mit ihr waren ganz gespannt auf ihre gewiss beeindruckende Erscheinung und ihre Ausführungen. Wer erschien, war eine nach außen hin ganz unspektakuläre ältere Dame, die zu unserer leichten Enttäuschung geradezu mantra-haft einfach wiederholte, wir sollten räuchern und beten — oder auch beten und räuchern. Für sie waren Rituale so selbstverständlicher Teil ihres Lebens, dass sie gar keine große Magie, keinen großen Auftritt brauchte. Wichtig war ihr demnach: Praktiziert ein regelmäßiges Ritual zum Reinigen und Klären. Und verbindet euch darüber mit den Energien um euch herum und mit den höheren Kräften. Genau das ist es, wozu die weise Navajo-Großmutter das »Räuchern und Beten« empfohlen hat. Es geht einfach um ein zentriertes und sinnerfülltes Leben, wie sie es uns vorlebte.

Nacht und zur Abfolge der Jahreszeiten. Ein Ritual bringt uns also in Kontakt mit der übergeordneten, der kosmischen Ordnung, es lässt uns diese in ihrer Transzendenz erfahren. Es bringt uns in die Verbindung zu uns selbst ebenso wie zu all dem, was uns umgibt, und zu den Energien und Kräften um uns herum.

Die Suche nach der Sinnhaftigkeit

Wir leben in einer linearen und zunehmend übergangslosen Zeit. Die Grenzen zwischen Beruf und Privatleben, Arbeit und Freizeit, zwischen den Lebensabschnitten und sogar den Jahreszeiten verschwimmen zunehmend. Damit verlieren wir die Fähigkeit, uns auf die jeweilige Lebenssituation ganz einzulassen. Und wir verlieren so den Sinn dessen, was wir tun, und auch die Verbindung zu uns selbst und zu dem, was uns umgibt. An dieser Beliebigkeit unseres Seins krankt unsere Ausgeglichenheit, unsere Zufriedenheit und Lebensfreude. Wir fragen uns verstohlen, wo denn unser Leben eigentlich geblieben ist. Ohne uns gleich monatelang therapieren lassen zu wollen, suchen wir nach einem einfachen alltagstauglichen Weg zum Innehalten und inneren Loslassen. Wir haben Sehnsucht nach Möglichkeiten, das Bestehende wahrzunehmen und zu würdigen und darüber unser Leben freudvoll und intensiv zu erleben.

Es sind meist die einfachen, unkomplizierten Dinge, die uns Halt zu geben vermögen.

Aufs Schönste eingewoben ins Ganze

Ein Ritual mit seiner schützenden und bestärkenden Struktur vermag eben den konzentrierten Raum zu schaffen, in dem diese intensive Verbindung zu etwas Größerem möglich ist. Einen ähnlichen Raum können wir manchmal eher zufällig für kurze Momente erreichen. Am ehesten gelingt uns das im Urlaub oder an einem entspannten Wochenende, wenn wir uns ganz bei uns fühlen und

Vom Wesen der Rituale

Rituale gehören zu den Schätzen, die die Menschen weltweit verbinden.

Kulturübergreifend wirksam

Rituale funktionieren über die Kulturen hinweg im Kern ganz vergleichbar und arbeiten mit ähnlichen wirkkräftigen Bestandteilen – wie beispielsweise dem Räuchern. In den Kirchen gibt es den Weihrauch. In älteren schamanischen Traditionen wurde und wird ebenfalls geräuchert, meist mit Kräutern wie Salbei, Lavendel oder Wacholder. In asiatischen Kulturen nimmt man Räucherstäbchen. Im Kern geht es um das Gleiche, nämlich um Reinigung der Energien, um damit den notwendigen energetisch wirkkräftigen Raum zu schaffen. Denn ein Ritual ist immer auch Energiearbeit. Unabhängig davon, ob diese Energie Lebensodem, Prana, Ki oder Qi genannt wird oder ob von Matrix gesprochen wird. Die Verbindung kommt über die Energie zustande, aus der wir und alles um uns bestehen. In der Bibel erschafft die Energie des gesprochenen Wortes die Welt. Jesus lenkt heilende Energie über seine Hände. In den asiatischen Traditionen wird Energie harmonisierend ausgeglichen und auch gezielt gelenkt. Diese Energiearbeit ist in Form von beispielsweise Feng Shui, Qi Gong und Tai Chi ganz präzise überliefert. Deshalb werden Sie im Folgenden auch wiederholt auf erklärende Beispiele aus diesen Bereichen treffen.

mit scheinbar allem auf angenehme Weise verbunden. Mit dem Ritual können wir diese Intensität, diese Verbindung zu den Energien gezielt herbeiführen.

Rituale geben uns Stabilität, Schutz und Halt. Sie wirken auf uns auf tiefer Ebene bereinigend und heilend. Rituale können uns dabei helfen, zur Ruhe zu kommen und wieder bei uns anzukommen. Sie unterstützen uns dabei, unser Leben klarer zu rhythmisieren und bewusste, klare und bejahende Übergänge zu vollziehen. Sie sind eine intensive und konzentrierte Möglichkeit für uns, um Ausgeglichenheit, Zufriedenheit und Freude in unserem Alltag zu finden und zu schaffen. Da die in diesem Buch beschriebenen Rituale so einfach zu praktizieren sind, können Sie ganz leicht davon profitieren.

Wie Rituale wirken

Die Wirkung von Ritualen klärt sich am besten, wenn wir uns an eine Hochzeit erinnern. Die haben wir sicher alle schon zumindest als Gast erlebt. Bei einer standesamtlichen Eheschließung bemüht sich der Beamte um eine möglichst sinnstiftende Rede, und anschließend werden schlicht die Hochzeitspapiere unterzeichnet. Bei einer kirchlichen Trauungszeremonie geschieht bereits mehr. Es werden auch Reden gehalten, es wird Musik gespielt, das Brautpaar spricht Worte nach, es werden die Ringe gewechselt, und es wird ein Segen erteilt.

Gerade bei Hochzeiten wird spürbar, wie sehr sich die Menschen nach Ritualen sehnen. Hier entwickeln Brautpaar und Gäste meist viel Kreativität im Ausschmücken solcher Elemente der Feier.

Rituale wirken über alle Zugänge

Darin, dass dabei mehr geschieht und Vielfältigeres geschieht, liegt ein großer Teil der Wirkung von Ritualen begründet. Auch wenn wir bei verschiedenen Veranstaltungen sagen, dass es gefühlvolle Worte gibt und dass manche Worte auch das Herz berühren, ist es doch eher die rein mentale Ebene, die dabei angesprochen wird. Damit das Geschehen uns Menschen wirklich erreicht, muss es uns auch auf der Gefühlsebene berühren — wie es Rituale tatsächlich tun.

Vom Wesen der Rituale

Meist sind wir bei üblichen Hochzeitszeremonien dennoch relativ passiv und der einzige aktive Sinneskanal ist das Hören. Auch wenn es nach außen hin unterschiedlich stark ausgeprägt scheint, ist es doch so, dass wir Veränderung und damit Unsicherheit nicht mögen. Grundsätzlich streben wir nach Sicherheit. Alles Neue, Unbekannte verunsichert, und wir versuchen es zu vermeiden. Das basiert auf den Erfahrungen, die wir gemacht haben, als wir noch ständig mit überraschenden Begegnungen mit Säbelzahntigern und ähnlich Lebensbedrohlichem rechnen mussten. Daher bedeutet Unbekanntes gleich Gefahr, und auf Gefahr reagiert unser internes System seit jeher mit Totstellen, Angreifen oder Weglaufen. Und weil uns Veränderungen so unlieb sind, müssen sie schon deutlich reizintensiv sein, damit wir sie anzunehmen bereit sind.

Allgemein heißt es, dass ein Reiz um ein Vielfaches wirkt, sobald damit mehr als ein Wahrnehmungskanal angesprochen wird.

Das mit der Reizintensität kennen wir noch von der Schule, und das hat auch die müdeste Pädagogik schon erkannt. Etwas, das ich nur höre, kann ich wenig annehmen, mir also schlecht merken. Deshalb wird das gesprochene Wort mit einem Tafelanschrieb oder mit animierten Illustrationen unterstützt. Nur still gelesene Vokabeln kann man sich auch kaum merken. Wenn man sie zudem abschreibt und noch laut vorliest, aktiviert das mehrere Gehirnareale, und man registriert dadurch vermehrt ihre Wichtigkeit. Untersuchungen aus dem Bereich der Hirnforschung haben noch bessere Lern- und Behaltens-Erfolge belegt, wenn das Erarbeiten des Inhalts durch symbolische Gesten unterstützt wurde. Demnach konnten die Testpersonen mit Hilfe von Gesten doppelt so viele Vokabeln lernen und sie auch deutlich länger behalten.

Zudem sind wir unterschiedlich strukturiert. Manch einer ist auditiv ausgerichtet, nimmt also Inhalte leicht über das Hören auf, viele sind eher visuelle Typen, bei ihnen geht alles überwiegend über das Sehen. Wieder andere haben ihren Schwerpunkt im Spüren und damit ihr Wahrnehmen im Tun und in der Bewegung. Rituale nun wirken so intensiv, weil sie uns über alle Zugänge erreichen. Bei einem Ritual sehen Sie, was geschieht, Sie hören Worte und Klänge, Sie riechen Räucherwerk, manchmal schmecken Sie sogar etwas und — ganz wichtig — Sie kommen ins Handeln und Tun und damit ins Spüren.

> Es macht einen Reiz der Rituale aus, dass wir sie als ganzheitliche Wesen erleben, mit allen Sinnen, mit Leib und Seele.

Rituale wirken als Lebenstraining

Im Tun liegt auch die weitere Wirkkraft von Ritualen begründet. In einem kraftvollen Ritual hören Sie sich nicht nur schöne Worte über die Ehe an, sondern Sie sichern Ihrem Partner verbal Ihre Absicht zu Ihrem Miteinander zu. Sie gehen diese Verbindung aktiv ein und verstärken das noch durch Gesten und gemeinsam ausgeführte Handlungen. Dadurch vollziehen Sie das Eingehen der Verbindung wirklich in dem Moment. Sie nehmen die Wirklichkeit vorweg. Sie simulieren die Zukunft und treten bereits in sie ein. Das nimmt die Angst vor dem Neuen, vor der Veränderung.

Vorab durchgespielt

Der symbolhafte Vollzugscharakter eines Rituals ist ganz ähnlich zu dem verbreiteten Mentaltraining der Leistungssportler. Auch dabei wird die Wettkampfsituation vorweggenommen. Sie wird mental in all ihren Details, Geschehnissen und Empfindungen durchgespielt. Dadurch ist dann im realen Geschehen nichts Unbekanntes mehr dabei, was eine Unsicherheit und damit Einschränkung verursachen könnte.

Vom Wesen der Rituale

Durch die im Ritual vorab durchgespielte Situation ist sie Ihnen bereits vertraut, und Sie können sich sicherer darin bewegen und selbstverständlicher und erfolgreicher agieren.

Ein Ritual wirkt wie das im Kasten beschriebene Mentaltraining — nur noch viel intensiver. Denn im Ritual wird die Situation nicht nur auf mentaler Ebene, sondern mit allen Sinnen und mit allen Erfahrungsebenen vorweggenommen. Im Ritual spricht man aus, worum es geht, man geht aufeinander zu, bewegt sich miteinander, führt Gesten und Handlungen der Verbindung oder der Trennung miteinander aus — je nachdem, um was für ein Ritual es sich handelt. Man macht das, was im Innen geschieht, im Außen erlebbar. Man riecht, schmeckt, hört, sieht und fühlt. In einem gut ausgearbeiteten Ritual durchlebt man intensiv die neue Situation, die angestrebte Veränderung als Übergang dorthin mit allen Sinnen und allen Ebenen des Bewusstseins. Das öffnet weitere Tore im Inneren und bereitet neue Pfade, die man zukünftig mit Leichtigkeit beschreiten kann.

»Der Mensch riecht Riechbares nicht, ohne ein Gefühl des Unangenehmen oder Lustvollen zu empfinden.«
Aristoteles

Rituale wirken auf allen Ebenen

Damit kommen wir schon zum nächsten Grund für die Wirksamkeit von Ritualen. Weil dabei so viel über alle unsere Sinneskanäle gearbeitet wird, wirken Rituale ganz stark auf der Ebene des Unbewussten. Die Wissenschaft ist sich inzwischen einig darüber, dass unsere Psyche in der Art eines Eisbergs aufgebaut ist. Der kleine Teil, der aus dem Wasser ragt, ist der Bereich des bewussten Denkens. Auf diesen Bereich haben wir mit Logik und dem analytischen Verstand immer Zugriff. Und dann gibt es da noch den riesigen Bereich unterhalb der Oberfläche, der dem Unbewussten entspricht. Dort haben wir Zugriff mit unserer Intuition, dort lagern alle unsere Erinnerungen. Von dort wird eine bestimmte Erinnerung ins bewusste Denken hervorgeholt, die uns zunächst nicht einfallen konnte. So leitet zum Beispiel unser Sinnesorgan Nase die Wahrnehmungen direkt ungefiltert dorthin in unserem Hirn, wo die Erinnerungen und Gefühle gespeichert sind, ins sogenannte limbische System. Deshalb reicht uns manchmal einzig der Geruch einer bestimmten Seife, um uns komplett in die Gefühlswelt einer einst erlebten Urlaubssituation zurückzuversetzen. Im Bruchteil einer Sekunde wird genau die Situation oder eine Person mit allem an Aussehen, Geräuschen und Empfindungen wieder hautnah aufgerufen.

Denn dort in unserem Unbewussten lagert unsere Vergangenheit. Dort ist speziell all das unseres Lebens gespeichert, zu dem wir einen emotionellen Bezug haben. Genau darauf vermögen Rituale mit ihrem speziellen Aufbau zuzugreifen. Sie rufen unsere Emotionen von dort ab. Und alle im Ritual erlebten Erfahrungen werden dort auch wieder verwahrt und stehen dann hilfreich zu unserer lebenslangen Verfügung bereit.

Die meisten unserer Entscheidungen fällen wir, ohne es recht wahrzunehmen — in Sekundenbruchteilen, »aus dem Bauch heraus«, aus dem Unbewussten. Mit Ritualen können Sie dem Unbewussten neue Ausrichtungen vorgeben und Ihre inneren Weichen zu Ihren Gunsten stellen.

Rituale wirken über uraltes Wissen

Der Grund für die starke Wirkung von Ritualen auf unser Unbewusstes liegt in ihrer Sprache. Alle Worte, alle Gegenstände, alle Handlungen und Gesten eines Rituals sind keineswegs beliebig. Alles, womit wir in einem Ritual umgehen, sind gezielt ausgewählte Symbole. Sie sind Platzhalter, Essenz und Auslöser für eine ganze Thematik, für die sie stehen.

Die ureigene Sprache des Unbewussten ist die Sprache der Symbole, die über unterschiedliche Kulturen hinweg ähnlich sind. Sie treten übereinstimmend in den Träumen der Menschen auf. Es scheint, als habe auch der Geist in den verschiedenen Gegenden der Welt eine übereinstimmende Evolution durchgemacht.

Vom Wesen der Rituale

Dadurch wurde ein urmenschlicher Erfahrungsschatz, kollektive Vorstellungen von unserem Sein, eben ein kollektives Unbewusstes, in uns angelegt und aufgebaut. Das hat schon der Psychoanalytiker Carl Gustav Jung durch seine empirischen Studien zur allgemeinen Gültigkeit herausgearbeitet.

Wenn etwas für Sie Symbolcharakter hat, kann es große Kraft entfalten.

Mit dem Symbol wird alles ausgedrückt, wofür es keine Worte gibt, wo Worte versagen. Archetypische Symbole sind allgemein verständlich und unabhängig von jeglicher konstruierter Sprache. Denn Symbole sind alt überliefert, sie sind wahrhaft archaisch. Sie sind uns allen tief im Inneren, in unserem kollektiven Unbewussten bekannt. Symbole überbringen gefühlsbetonte Botschaften und können damit diese tiefe Ebene der Psyche ansprechen. Die Symbole dienen als Vermittler zwischen dem kollektiven und unserem persönlichen Unbewussten. Sie wandeln alles Erlebte in eine emotional erfahrbare Form und ermöglichen uns so die Verbindung mit der darin vorhandenen Lebensenergie.

Die weihnachtliche Bescherung zeigt schön die Kraft der Wiederholung.

Rituale wirken durch nachhaltiges Wiederholen

Ein Ritual zeichnet sich auch dadurch aus, dass es wiederholt wird, dass es wiederkehrend ausgeführt wird. Der Kerninhalt eines Rituals kann variieren und ist wie bei einer Hochzeit für das jeweilige Paar möglichst einmalig. Die intensive Wirkung garantiert und verstärkt der grundsätzlich gleichbleibende Rahmen (siehe auch Kapitel: »Schritt für Schritt«). Das ist eine wichtige Komponente für seine Wirksamkeit. Das Ritual vermag dadurch zunehmend intensivere Emotionen auszulösen. Es verankert sich in immer tieferen Schichten des Unbewussten und gibt dadurch zusätzlich Halt und Sicherheit. Die Reaktion, die es auslöst, verstärkt sich. Wenn wir schon wissen, was kommen wird, beginnt wie bei der Vorfreude auf die weihnachtliche Bescherung unsere Reaktion bereits vorab. Durch die Wiederholung wird die Erwartung jeweils erneut bestätigt und somit die Wirkung verstärkt. Die Konditionierung, die dabei entsteht, unterstützt den Eintritt in den Prozess des Geschehens und damit dessen Wirkung.

> Der Wiederholungscharakter von Ritualen: Der Rahmen bleibt immer der gleiche, Inhalt und Thema variieren.

Rituale bringen Sachverhalte konzentriert zum Ausdruck und schaffen die Basis zu ihrer Manifestation in dieser Welt. Mithilfe von Gesten, Handlungen und Symbolen wird die Energie zur Verbindung und Wandlung aufgebaut. Sie setzen die erforderlichen Impulse in unserem Unbewussten, die dann nachhaltig weiterwirken können. Es ist dies eine Ebene der Rituale, auf der sie auch nach den Erkenntnissen von Psychologie und Hirnforschung wirken: auf der Ebene der mentalen und psychischen Prozesse.

Rituale wirken über den unerklärbaren Zauber

Doch stellen sich bei Ritualen immer auch Reaktionen ein, die in ihrer überwältigenden positiven Wirkung nicht so einfach erklärbar sind. Es kommt immer wieder zu Begebenheiten, die einfach

Vom Wesen der Rituale

nur als im wahrsten Sinne wundervoll staunend und dankbar angenommen werden können. So passiert es aus meiner Erfahrung immer wieder, dass zum genau passenden Zeitpunkt die passenden Einflüsse von außen wirken, wenn zum Beispiel Glocken wie auf Bestellung zu läuten beginnen. Oder es kommt vor, dass bei einer Ritualteilnehmerin, die wegen zu großer Überlastung ein Ritual zum Loslassen durchführt, als passendes Zeichen

Es kann eine Verbindung zum Göttlichen sein, die das Ritual spürbar und erlebbar macht.

Bis hin zur Transzendenz

Das Besondere eines Rituals ist es, dass wir damit in die Transzendenz hinausreichen können, dass wir uns darüber mit den Kräften und Energien verbinden können, die uns umgeben und die auch uns beleben und in uns wirken. Ein Ritual schafft den Raum dafür und macht uns so diese Verbindung erfahrbar, bewusst und stärkt sie zugleich. Je stärker die Verbindung, desto stärker werden auch wir, die wir ja Teil dieses Ganzen sind. Wir kommen in unsere Kraft und wachsen zugleich über uns hinaus.

So gestärkt wird unser Leben reicher, kraftvoller und lebendiger. Persönliche Probleme relativieren innerhalb dieser großen kraftvollen Verbindung ihre Schrecken und können behutsam und heilsam in eine Lösung münden. Eingebettet in den großen bewegten Strom des Lebens mit all seinen Zyklen können wir unsere eigenen Wandlungen selbstverständlich und stärkend erfahren. Sie können von uns vollzogen und gelebt werden. In der so eingegangenen Verbindung können wir uns eins mit der großen Kraft des Lebens fühlen wie auch mit uns selbst.

mittendrin ihre Uhr stehen bleibt. Oder wenn nach einem Loslassen von aller Schwere und allen Schuldgefühlen an einem bis dahin durchweg trüben Tag plötzlich der Himmel aufreißt und die Sonne wieder scheint. Das ist die scheinbar unerklärliche Ebene, die uns immer wieder zeigt, wie weitreichend Rituale wirken und wie viel wir mit ihrer Hilfe bewegen können.

Die grundlegenden Elemente eines Rituals

Nun wissen Sie, was Rituale bewirken und wie und wodurch sie wirken. Erfahren Sie jetzt, welche Elemente das Besondere eines Rituals ausmachen. Was wird benötigt, damit Ihr Ritual wirklich seine Kraft für Sie entfalten und seine Wirkung zeigen kann?

Die klare Absicht

»Am Anfang war das Wort« heißt es schon in der Bibel. In unserem Zusammenhang ist damit gemeint, dass Sie zuallererst eine klare Intention, eine zielgerichtete Absicht brauchen. Sie wollen ja mit einem Ritual etwas bewirken. Ohne dass Sie sich klar sind, worum es dabei für Sie geht, verkommt ein Ritual schnell zur stereotypen, leeren Handlungshülle.
Geht es Ihnen darum, Ihre Kräfte für sich und Ihr Leben zu konzentrieren, wollen Sie gestärkt in Ihren Tag aufbrechen oder wollen Sie sich nach einem Tag voller Einflüsse klären und sammeln? Wollen Sie Stärke und Balance darin erfahrbar für sich machen, dass Sie sich die Zyklen der Zeit in Ihrem Leben wachrufen und sich mit diesen Energien verbinden? Haben Sie das Bedürfnis, etwas hinter sich zurückzulassen? Immer ist vorbereitend wich-

> Die Absicht gibt die Richtung vor, in die sich die inneren und äußeren Kräfte dann bewegen.

tig, genau zu definieren, was es exakt ist, worin der Kern besteht. Sie können natürlich eine Zeremonie durchführen, um sich eine Freude zu machen und sich in eine gute Stimmung zu versetzen — vielleicht einfach weil es so schön ist, so schön feierlich, so schön beruhigend ... Damit erzielen Sie auch eine positive Wirkung, nur verschenken Sie dann wertvolle Potenziale eines Rituals.

Es ist auch im alltäglichen Leben so: Wenn Sie etwas erreichen wollen, müssen Sie es als Absicht formulieren.

Die wichtige Voraussetzung einer klaren Intention kennen Sie vielleicht aus dem Bereich des Mentaltrainings, wo auch die präzise Formulierung der Ziele gefordert wird. Ob Sie es so nennen, dass Sie Ihre Absicht setzen und der dann folgen, oder es mit den Worten formulieren, dass die Energie den Gedanken folgt — es kommt auf das Gleiche heraus. Sobald Sie eine klare Vorstellung davon haben, dass Sie etwas wollen und was Sie wollen, ist der Prozess bereits in Gang gesetzt. Ab da zielt Ihre Aufmerksamkeit konzentriert genau darauf hin. Sobald Sie sich überlegt haben, ein rotes Auto zu kaufen, sehen Sie scheinbar nur noch rote Autos. Sobald in Ihnen der Wunsch nach einem Kind keimt, sehen Sie ab da nur noch Schwangere. Sie kennen sicher weitere eigene Beispiele dieser Art.

Der geschützte Raum

In Bezug auf den räumlichen Rahmen gehen die Meinungen auseinander: Manche empfinden es als ehrenrührig, Rituale nicht im Freien, also in unmittelbarer Verbindung mit den Elementen und Kräften abzuhalten. Dabei sollte man aber nicht übersehen, dass viele Völker auch Rituale in Tempeln oder in unterirdischen Versammlungsstätten abhielten und abhalten. Es hat jedes seine ganz eigene Qualität. Im Freien sind Sie natürlich stärker im Zusammenspiel mit den Kräften, die präsent sind. Sie können ehrfürchtig erleben, wenn bekräftigend ein Blitz im genau richtigen

Moment über den Himmel zuckt, wenn genau passend der Wind aufkommt oder sich legt. Das ist wunderbar und hat eine ganz besondere Qualität. Ich selbst habe aber, ehrlich zugegeben, als Teilnehmerin auch schon von Ritualen fast nichts mitbekommen vor lauter Kältebibbern und Regenprasseln.

Das kann im Innenraum natürlich nicht passieren. Da haben Sie vielleicht mit unliebsamen Zivilisationserscheinungen zu tun und müssen mit Ihrer Aufmerksamkeit Gerätepiepen, Nachbargetrappel und Straßengeräusche ausblenden. Wenn der Raum klar genug und die Energie dort stimmig ist, haben Sie im Innen aber einen eindeutigen, fest umrissenen, geschützten Raum, in dem sich die notwendigen Kräfte gut aufbauen und konzentriert halten lassen.

Probieren Sie am besten beides aus: Rituale draußen und auch drinnen. Sie werden merken, was Ihnen mehr liegt, was sich kraftvoller und stimmiger anfühlt.

Den Raum entstehen lassen

Draußen ist es natürlich eine größere Aufgabe, einen Raum überhaupt erst zu definieren und aufzubauen. Dazu gehört, eine geeignete Stelle zu finden, die sicher und ungestört genug ist und an der für Sie und das beabsichtigte Ritual die Gegebenheiten und die Energie stimmen. Überlieferte Kraftorte sind da nicht unbedingt die erste Wahl. Gerade sie sind häufig nicht ungestört genug oder inzwischen mit Energien überfrachtet, die nicht zwangsläufig passend sein müssen. Gut ist ein durch die örtlichen Gegebenheiten deutlich wahrnehmbarer Raum, wie zum Beispiel eine Waldlichtung. Sie selbst sollten sich ungestört, sicher und wohlfühlen. Das ist die beste Voraussetzung.

Einen geschützten, klar definierten Raum aufzubauen hilft im Vorfeld bereits zu Ihrer Sammlung, also Ihrer Konzentration und Zentrierung. Eigentlich beginnt das Ritual damit bereits. Sie fokussieren schon Ihre ganze Aufmerksamkeit auf Ihre Absicht

VOM WESEN DER RITUALE

> **Schutz von innen**
>
> Der beste Schutz des rituellen Raumes ist immer Ihre innere Klarheit und Übereinstimmung mit Ihrer Ritualabsicht. Wenn Sie innerlich klar und gefestigt sind, bringt Sie auch kein vorbeistreunender Hund aus der Fassung. Je gründlicher und klarer Ihre Vorbereitung ist, desto mehr können Sie sich hernach auf das Ritual selbst einlassen.

Wenn Sie sehr achtsam in eine alte Kirche hineingehen, können Sie ebenfalls spüren, wie es ist, einen heiligen, außeralltäglichen Raum zu betreten.

und bereiten mit dem Raum außen auch den nötigen Raum in Ihrem Inneren vor, den Raum, in dem das Mehr entstehen und sich entfalten kann. Wenn Sie dann im Ritual diesen Raum betreten, verlassen Sie Ihren alltäglichen profanen Raum. Sie können deutlich und bewusst in den besonderen Raum eintreten, in dem dann auch das Besondere, das Wunder geschehen kann.

Die innere Zentrierung

Jedes Ritual hat zwei Kerninhalte, ohne die es gar keines ist: die Zentrierung und die Anbindung an übergeordnete Kräfte. Beide sind auch bereits Grund genug, ein Ritual überhaupt durchzuführen. Beide bilden aber zudem die Basis zur Bearbeitung weiterer Absichten. Ohne die Sammlung in Ihrem eigenen inneren Raum könnte sich die gewünschte Wirkung nicht einstellen. Das Ganze wäre dann nur ein Aneinanderreihen von Elementen und Handlungen. Dazu braucht es im außen jenen geschützten Raum mit größtmöglicher Ruhe und Ungestörtheit. Und es braucht im Inneren die Bewusstheit darüber, dass das jetzt Ihre Zeit ist mit Ihrer Chance, sie zu nutzen. Es sind Ihr Raum und Ihre Zeit, frei von all dem, was sonst noch alles zu tun ist.

Innerlich fokussiert

Innerlich zentriert entfalten wir große Kraft und Klarheit.

Hilfreiche Vorbereitungen

Um sich tatsächlich innerlich zentrieren zu können, ist es hilfreich, dem konkreten und energetischen Aufbauen des Raumes, dem Bereitstellen und Anordnen aller notwendigen Gegenstände genügend Zeit zu widmen. Auch hilft das Anlegen besonderer Kleidungsstücke dabei, das ganze Alltagsgeschehen hinter sich zu lassen und in diesen besonderen Raum zu wechseln. Auch wenn wir heute vielleicht über Kleiderordnungen lächeln, bieten sie den unschätzbaren Vorteil, uns hilfreich in eine andere Stimmung zu versetzen. Wir wissen ja selbst aus Erfahrung, dass wir uns in anderer Garderobe ganz verändert fühlen können, uns auch anders bewegen.

Eine mehr oder weniger ausführliche vorherige Reinigung ist ebenfalls gut und wichtig, sei es als ganze oder teilweise Waschung oder als Räucherung. Früher waren das »Bad am Samstagabend« und der Sonntagsanzug selbstverständlicher Teil der rituellen

Die Feierabenddusche und den Wechsel in die Freizeitkleidung empfinden viele als wohltuend und praktizieren es als mehr oder weniger bewusste Routine für sich.

29

Vorbereitung für den sonntäglichen Kirchgang. Das Benetzen mit Weihwasser in katholischen Kirchen hat neben dem symbolischen Anknüpfen an die einst vollzogene Taufe auch den Aspekt der Reinigung in sich. Ebenso dient das Räuchern mit Weihrauch der Reinigung.

Das aktive und bewusste Eintreten ins Ritual

Das schon genannte Benetzen mit Weihwasser und das Kreuzzeichen kennzeichnen bei katholischen Messen den aktiven Eintritt ins Ritual. Für diesen Eintritt ist der klar definierte Raum wichtig, mit einem eindeutigen Eingang.

Mir ist immer wichtig, dass alle Teilnehmer laut verbal ihre Bereitschaft zur Teilnahme erklären. Damit wird allen noch mal klar,

Bei großen schamanischen Ritualen wie Visionssuche und Sonnentanz dient auch das Fasten zur Reinigung und zur Konzentration. In dem Zusammenhang werden zur Reinigung, zur Sammlung und zum Setzen der Absicht häufig auch zuvor Schwitzhüttenrituale durchgeführt.

> **Ein klarer Beginn**
> Das zentrierte, wirkkräftige Sein im Ritual wird stark begünstigt durch einen klar erkennbaren Beginn. Das macht den Unterschied aus zwischen einem orientierungslosen Hineintrudeln und einem kraftvollen, konzentrierten Eintreten. Deutlich markieren lässt sich das durch Handlungen wie das Entzünden von Kerzen oder durch akustische Signale wie das Anschlagen eines Gongs oder das Erklingenlassen von Glöckchen oder Zimbeln. Was auch immer Sie zum Beginn machen, sollten Sie am Ende anknüpfend auch wieder tun – also das akustische Signal wiederholen oder die Kerzen löschen. Diese äußere klare Struktur ist als Orientierung sehr hilfreich, ebenso wie ein durchgehend klar erkennbarer Ablauf als Halt.

dass es in einem Ritual keine Zuschauer, sondern nur aktiv Teilnehmende gibt. Darüber hinaus erhält dadurch jeder Teilnehmer die Möglichkeit des aktiven Eintretens ins Ritualgeschehen. Durch ein »Ich bin hier, weil ich hieran teilnehmen will, weil ich will, dass hier für mich etwas geschieht« erfolgt die Konzentration auf das Geschehen, und es beginnt die notwendige Zentrierung. Es wird damit eine erste Handlung vollzogen, welche die ganze Aufmerksamkeit vom Alltagsgeschehen und seinen Tausenden von Gedanken weglenkt und stattdessen auf das Ritual ausrichtet. Damit wird der innere Raum der Wandlung betreten, und es startet bereits der Prozess.

Im christlichen Gottesdienst dient am Anfang das gemeinsame Singen zum Abklingenlassen der profanen Unruhe und zur Einstimmung auf das Kommende.

Der grundlegende Ablauf

Es stimmt, schlimm ist ein in seinen Regeln erstarrtes Ritual. Erstarrt erscheint es insbesondere dann, wenn kein Verstehen der zugrunde liegenden Intention mehr besteht und damit auch keine Verbindung mehr zu den Symbolen und dem Ablauf. Da vergeben sich leider auch die Kirchen ihre Chancen, weil sie den Menschen zu wenig ihre eigentlich großartige Ritualistik erklären. Ich weiß von einigen Erwachsenen, die in fortgerücktem Alter auf der Suche nach ihrer Spiritualität gern auch wieder an ihre christlichen Wurzeln anknüpfen möchten. Ihnen bleiben aber die Türen verschlossen, weil sie die Symbolik nicht verstehen, mittlerweile in ihrem Bewusstheitsstand aber den Anspruch darauf haben.

Ein Ritual ist ein Ereignis, bei dem mit Energie gearbeitet wird. Deshalb können wir ruhig über den Tellerrand hinausschauen in Richtung der alten Technik des Qi Gong. Es bedeutet übersetzt »Arbeit mit dem Qi«, also mit der Lebensenergie. Und genau das ist es auch. Die Schritte beim Qi Gong sind grundlegend stets Reinigung, Sammlung und Qi-Lenkung.

Vom Wesen der Rituale

So ist es auch beim Ritual: Sie befreien sich zunächst von all dem, was Sie in Ihrem Tun behindert, was ablenkt und schwächt. Wenn Sie dann zentriert sind und auch alle nötigen Kräfte gesammelt haben, können Sie die Energie lenken und auf die Umsetzung Ihrer Absicht richten.

Ein Ritual hat eine klare Dramaturgie und auch Logik, die darauf abzielt, in der vorab bestimmten Reihenfolge die größte Wirkung zu erreichen — wir werden im Folgenden noch im Detail darauf eingehen. Während des Rituals sollten Sie sich an die von Ihnen einmal festgelegte Reihenfolge halten, denn eine solche klare Struktur gibt Unterstützung. Das Ganze ist nicht einfach ein Theaterstück und schon gar kein Improvisationstheater, sondern dabei geschieht tatsächlich etwas mit Ihnen. Deshalb ist eine Sicherheit und Orientierung bietende Struktur eine große Hilfe. Durch diesen äußeren Halt können Sie sich viel stärker ganz hinein begeben.

Wenn Sie beginnen, eigene Rituale abzuhalten, werden Sie in der Reflexion danach vielleicht merken, dass manche Details für Sie in anderer Zusammensetzung wirkkräftiger sein könnten. Dann können Sie natürlich kleine Nuancen als Teil Ihres Prozesses für das nächste Ritual ändern. Ein Ritual ist ja etwas Wiederkehrendes.

Die Anbindung an eine höhere Ordnung

Anders als eine Zeremonie ist das Ritual viel intensiver auf die Wirkung im Inneren ausgerichtet und verbindet sich dafür mit der Transzendenz, der höheren Ordnung, den Kräften und Energien des Universums. Deshalb werden die uns umgebenden Kräfte gerufen, angerufen, es wird eine Verbindung geschaffen und zum Ende des Rituals wieder gelöst.

Ich bevorzuge, mit dem Einladen der Kräfte gleich konkret zu benennen, welche Unterstützung ich erbitte und wofür. Die Anrufung erfüllt damit zugleich die Funktion eines Fürbitte-Gebets. Es bedeutet zugleich, sich klar und detailliert die Absicht des Rituals darzulegen. Ich arbeite bei meinen öffentlichen Ritualen meist mit der Anrufung der vier Elemente. Sie stellen mathematisch gesprochen so etwas wie den kleinsten gemeinsamen Nenner dar, also eine Ebene, mit der eigentlich jeder etwas anfangen kann. Denn wir sind umgeben von Feuer, Wasser, Erde und Luft. Das ist für jeden konkret erfahrbar. Ich formuliere es dabei so, dass ich nicht das Element selbst rufe, sondern die Kraft des Elements einlade. Denn wenn wir das Wasser rufen, schwappt ja nicht plötzlich brav das Wasser als große Welle herein. Worum es dabei geht, ist, sich mit der Kraft zu verbinden und damit auch zu öffnen für all das Gute, das geschehen kann. Auf diese Weise wird das nötige Energiefeld für das Ritual aufgebaut.

> Auf Seite 90 finden Sie ein ausführliches Beispiel für eine Anrufung der Kräfte zu Beginn des Rituals.

Die »Wunder« geschehen lassen

Es verändert sich spürbar etwas mit dem Rufen der Kräfte. Die Energie wird intensiver und kraftvoller. Ich kann mich noch an mindestens zwei Rituale erinnern, die ich eigentlich fürchterlich erkrankt durchgeführt habe — einmal mit einer sehr schmerzhaften Schulterentzündung und einmal mit einer Lungenentzündung. Noch während der Vorbereitung schmerzte die Schulter unerträglich beziehungsweise hustete ich mir bei den einführenden Worten fast die Lunge aus dem Leib. Doch sobald ich die Kräfte gerufen hatte, geschah das Wunder. Alle Beschwerden waren verflogen, und ich konnte in vertrauter Kraft und Intensität das Ritual durchführen. Nach dem Entlassen der Kräfte am Ende stellten sie sich dann zwar leider wieder ein, doch zum Glück in geschwächter Form. Ein Ritual wirkt also nicht nur in Bezug auf das gesetzte Ziel, sondern auch heilend und stärkend für die Teilnehmenden.

Die Teile des Ganzen

Dieses Kapitel ermöglicht Ihnen den Blick und den Zugriff in eine große, volle Schatztruhe. Ich stelle Ihnen hier die inhaltlichen Bausteine, die Juwelen eines funktionierenden Rituals vor. Damit bekommen Sie eine Art bunten, prächtigen Blumenstrauß in die Hand, aus dem Sie sich für Ihr eigenes Tun die schönsten Blüten zusammenstellen können. Die Beschreibungen konzentrieren sich auf jene Aspekte, die in den Ritualen auch wirklich zur Anwendung kommen.

Dieses Kapitel kann Ihnen somit helfen, die im Späteren angegebenen Rituale besser zu verstehen und sich dadurch intensiver auf sie einzuschwingen, sich ihnen anzunähern und sie zu durchdringen. Es bietet Ihnen anregendes Hintergrundwissen als Basis für Ihre eigene Ritualgestaltung. Dabei deutet der Titel dieses Kapitels darauf hin, dass auch hierbei gilt: »Das Ganze ist mehr als die Summe seiner Teile.« Wie Ihnen sicher klar ist, reicht es nicht, beliebige Teile aneinanderzureihen. Ihre Auswahl aller Bestandteile sollte von Ihrer Absicht und Intensität durchdrungen sein. Dann kann Ihr Ritual zum großen wirkkräftigen Ganzen werden.

Sobald Sie die grundlegenden Teile eines Rituals kennen, können Sie frei und kreativ eigene gestalten.

Die Elemente

Beginnen wir mit den Elementen, weil sie eben so elementar sind. Die Elemente sind die Basis von allem, was lebt und was uns umgibt. Sie ermöglichen uns so auch im Ritual, über sie in Kontakt mit allem zu sein.

Die Teile des Ganzen

Erstmalig hatte der griechische Philosoph Empedokles im 5. Jahrhundert vor Christus die vier Elemente als Basis, als Urstoffe für die gesamte Vielfalt alles Seienden definiert. Seine Lehre wurde von Platon und auch Aristoteles weiterentwickelt, wobei den Elementen Körper und Eigenschaften zugeordnet wurden. Darüber hinaus finden sich noch viele weitere Zuordnungen, wie zu astrologischen Tierkreiszeichen, zu Göttern und Elementarwesen.

Ich stelle Ihnen die Elemente hier in der Form vor, wie Sie sie in Ihrem Leben und rings um sich herum real spüren und kennen. Daran erfahren Sie, wie Sie sich mit deren jeweils besonderen Kräften und Eigenschaften verbinden und dann in Ihrem Ritual damit arbeiten können.

Das Element Feuer

Selbst in unserem Körper brennt das Feuer, beispielsweise spricht man im Ayurveda vom Verdauungsfeuer.

Das Element Feuer als Archetypus hat auf uns eine besonders faszinierende Wirkung. Es ist auch das Vielfältigste aller Elemente. Feuer in seiner konkreten Erscheinungsform als offene Flamme ist die Lebensgrundlage für unser Sein, es spendet uns Wärme und Licht. Es erlaubt uns, Nahrung aufzubereiten, bekömmlich zu machen und dadurch Nährstoffe aufzunehmen, die uns sonst versagt wären. Mit der Beherrschung des Feuers zeichnen wir uns vor anderen Spezies aus. Neben der Fähigkeit, schützende Garderobe zu produzieren, ist es das Feuer, das uns erlaubt, Lebensräume zu besiedeln, die uns sonst schlichtweg zu kalt wären. So war das Hüten und Bewahren des Feuers seit jeher eine existenziell wichtige Aufgabe.

Ein Feuer war schon immer das Zentrum einer Gemeinschaft. Es ist Sinnbild für Nahrung, Überleben und Zusammenhalt. Auch heute noch ziehen uns deshalb Feuer magisch an. Wo auch immer ein Feuer brennt, sammeln sich die Menschen darum. Das erklärt auch das Phänomen, weshalb sich bei Partys früher oder später die meisten Gäste in der Küche drängen: Sie sammeln sich um das symbolische Herdfeuer herum, das Garant für Nahrung und Gemeinschaft ist.

Vergangenes dem Feuer überlassen

Feuer ist das Flüchtigste aller Elemente, denn es kann nicht bestehen, ohne ständig genährt zu werden. Es hat aber auch seinen zerstörerischen Anteil. Ein unkontrolliertes Feuer verzehrt alles, was sich ihm in den Weg stellt. So haben wir schon immer auch Angst und Respekt vor dem Feuer. Es ist eine große wilde Kraft, die nie endgültig beherrschbar ist.

Doch auch diese zerstörerische Energie machen wir uns zunutze: In der Müllverbrennungsanlage, bei der Brandrodung oder bei den zu meiner Kindheit noch erlaubten Herbstfeuern. Da wurden das Kartoffelkraut und die Getreidereste ganzer Äcker oder Gartenabfälle, eben alles, was man nicht mehr brauchte und wollte, im Herbst einfach verbrannt. Verbranntes war ein typischer Geruch des Herbstes.

Bei alten Bräuchen finden wir das ebenfalls wieder. Heute noch werden beim Kölner Karneval mit dem Verbrennen einer Strohfigur namens Nubbel alle Verfehlungen der Faschingszeit bereinigt und beseitigt. Auch mit dem Osterfeuer und den Feuerrädern zu Ostern oder zu Fasching wird verbrannt, was wir nicht mehr haben wollen, in dem Fall der Winter mit seiner Dunkelheit und Kälte. Schon immer haben wir also das, was sich für uns überlebt und verbraucht hat und was nicht mehr zum Leben gehörte, dem Feuer überantwortet. Selbst die Körper unserer Toten wurden seit jeher der Erde überantwortet oder dem Wasser — und meist zuvor dem Element Feuer.

In der bildenden Kunst wird das Feuer häufig durch einen Vulkan oder einen Salamander symbolisiert.

Die Teile des Ganzen

Die Kraft lodernder Flammen zieht uns wie magisch an.

Transformierendes Feuer

Das Feuer nimmt einen besonderen Rang ein, insbesondere weil es nicht nur den zerstörerischen Aspekt hat, sondern auch den transformierenden. Nach dem Tod meiner Mutter war ich zum Abschiednehmen im Krematorium dabei, als ihr Sarg in die Flammen geschoben wurde. So hart und endgültig dieses Erleben auch war, hatte es dennoch auch etwas Tröstliches, beim Weggehen zu sehen, wie ihr Rauch in den Himmel aufstieg. Dadurch war sie nicht einfach weg, sondern umgewandelt.

Feuer verwandelt nicht nur Materie in Energie, also einen ins Feuer geworfenen Holzscheit in Licht und Wärme — es transformiert auch die Energie selbst. Im Feng Shui, einer über Jahrtausende fein ausgearbeiteten Lehre, um die uns umgebenden Kräfte harmonisch für unser Wohl zu nutzen, wird ein Herd an einem für

Die Qualität des Feuers bei Ritualen

Feuer kann das, was sich für uns überholt hat, was wir hinter uns lassen wollen, wovon wir uns verabschieden möchten, nicht nur in sich aufnehmen und damit von uns nehmen. Es wandelt es auch noch um. Es befreit uns von allem Alten, Manifestierten — und zurück bleibt die pure Energie. Besonders ist, dass wir der Wandlung zusehen können. Wenn wir etwas der Erde übergeben, wird es auch umgewandelt — zu Erde. Beim Verbrennen aber geschieht es unmittelbar vor unseren Augen: Wir sehen, wie das vergeht, was wir dem Feuer übergeben haben. Wir sind befreit davon und wir spüren die Energie, in die es gewandelt wurde.

den Bewohner energetisch ungünstigen Ort platziert, weil das Herdfeuer dort die störenden Energien in günstige Potenziale umwandeln kann.

Die besondere Fähigkeit des Feuers zur Transformation erklärt auch die unablässige Empfehlung jener geehrten Navajo-Ältesten, zu räuchern. So wie auch bei uns früher die Häuser nach Krankheit und Tod und zu Beginn des neuen Jahres, also meist Anfang Februar, um Lichtmess herum geräuchert wurden. Das Feuer in Form des Rauches befreit von allem Vergangenen und bereinigt die Energien.

Ich habe schon wiederholt erlebt, dass auch gute Wünsche dem Feuer übergeben werden sollten. Das würde ich persönlich nie tun und praktiziere es so auch nie für andere, weil Feuer ja wie gesagt umwandelt. Ich würde immer nur verbrennen, was ich nicht mehr haben möchte.

Im Mittelalter wurden Krankenzimmer vor allem mit Wacholder und Rosmarin ausgeräuchert. Das Räuchern diente zum Desinfizieren gegen ansteckende Krankheiten wie Pest und Cholera.

Die Teile des Ganzen

Dazu übergeben Sie ein symbolisches Platzhalter-Objekt, das auch ein beschriebenes Papier sein kann, einem Feuer zum Verzehr und können dann die befreiende Transformation miterleben. Sie sehen, wie das Feuer stärker auflodert. Sie können spüren, wie das Feuer dadurch intensiver und heißer wird, wie also die im Objekt gebundene Energie freigesetzt wird.

Feuer ist Licht

Mein Onkel in Amerika lebte einst im ewig sonnigen Kalifornien und zog irgendwann von dort weg, um endlich mal wieder Jahreszeiten erleben zu können. Spätestens seit ich selbst Rituale zu den wechselnden Energiequalitäten des Jahres durchführe, kann ich das sehr gut nachempfinden.

Darüber hinaus hat das Element Feuer auch die Komponente des Lichts. Jeden Morgen geht der große Feuerball, die Sonne, auf und spendet uns das lebenswichtige Licht, ohne das nichts wachsen könnte. Sie gibt uns das Licht, durch das wir den Wechsel von Tag und Nacht und von allen Rhythmen der Jahreszeiten erleben dürfen. Das Licht hat im Zusammenhang mit der aufgehenden Sonne am Morgen und dem Beginn des Frühlings immer den Aspekt des Neubeginns. Man sagt »der Morgen erwacht« oder »das Neugeborene erblickt das Licht der Welt«. Deshalb ist in allen Kulturen und geistigen Ausrichtungen, denen der Aspekt der Sonne und des Lichts wichtig ist, das Feuerelement im Osten angeordnet und wird von dort gerufen. Wenn der Aspekt der Hitze für die jeweilige Kultur eine größere Bedeutung hat, ist der Platz des Feuerelements im Süden. Da gilt dann das Feuer als Energie des Sommers, der Mittagshitze, der Lebensfreude und der feurigen Jugend.

Im Feng Shui gibt es beide Anordnungen. Im sogenannten frühen Himmel, wo sich die Kräfte in ihrer ursprünglichen konstanten Polarität zueinander befinden, ist das Feuer im Osten. In der zyklischen, dem Lebensverlauf entsprechenden Anordnung des späten Himmels ist die Feuerenergie im Süden. Dort ist sogar, anders als bei uns, der Süden oben angeordnet, weil die Hitze der Sonne von oben kommt.

ERHELLENDE MACHT

Wo Licht, kein Schatten

Wo Licht ist, ist es hell und rein und klar. Sie sehen klar Ihren Weg, und er ist nicht überschattet. Man sagt »mir ist ein Licht aufgegangen«. Im übertragenen Sinn ist durch das Licht auch Ihr Geist erleuchtet und Ihr Vorhaben rein und klar.
Immer wenn Sie in Ritualen also den hellen und positiven Aspekt von etwas würdigen möchten, in Ihrem Leben oder in Ihrer Beziehung, nutzen Sie den Archetypus des Lichts. So wie Sie Licht auch nutzen, wenn Sie einen Neubeginn zelebrieren und etwas Neues und Positives in Ihr Leben rufen möchten, etwas, das Ihnen klare Orientierung und die Fähigkeit des Wachsens ermöglicht. Das können Sie also bei jedem Übergangsritual einsetzen, sei es anlässlich des Jahreswechsels, des Beginns der Wechseljahre oder bei jedem anderen Neuanfang. Sie arbeiten dann nicht mit dem großen verzehrenden Feuer, sondern mit der Licht gebenden und aussendenden Flamme einer Kerze. So wie es auch in Kirchen mit den Votivkerzen gebräuchlich ist. Deshalb gibt es bei einer Taufe auch die Taufkerze. Mit dem Aussprechen Ihres Wunsches, mit dem Benennen dessen, was Sie in Ihr Leben rufen oder in Ihrem Leben würdigend erwähnen, entzünden Sie ein Kerzenlicht.

Das Osterfest mit dem Aspekt des Neubeginns wäre ohne das Licht in Form der Osterkerze kaum denkbar.

Das Element Wasser

Man kann sicher sagen, dass Wasser das Element ist, das die Existenz auf der Erde am stärksten bestimmt. Sicher — ohne Sonnenlicht gäbe es kein Leben, doch unser »blauer Planet« ist blau durch die großen Wasserflächen. Und wir selbst bestehen zu 70 Prozent aus Wasser. Wasser ist auch das Element, aus dem heraus alles Leben entsteht. Gemäß den Evolutionstheorien haben sich die Lebewesen aus den Ozeanen heraus entwickelt. Jeder Mensch,

Die Teile des Ganzen

jedes Säugetier verbringt die erste Zeit seiner Entwicklung im Fruchtwasser.

Von seiner Erscheinungsform her ist Wasser der Gegenpol zum Land, zur Erde. Im biblischen Schöpfungsmythos wird ganz früh das Wasser vom Land getrennt. Es teilt die Kontinente voneinander. Meeresküsten und Flüsse bilden vielfach die natürlichen Grenzen eines Landes. Es macht die Grenze zwischen Ländern aus und auch zwischen Leben und Tod. In der griechischen Mythologie bildete der Fluss Styx die Grenze zum Reich des Todes.

Zerstören und Beleben — Ende und Neubeginn

Wie das Feuer hat auch das Wasser zwei Seiten, eine zerstörerische und eine Leben spendende.

Wasser kommt in sehr vielfältiger Form vor. Wir begegnen ihm als zartem Tau oder als wattiger Wolke ebenso wie als zerstörerischem Hagel oder als alles überflutende Welle und mächtige Strömung. Wasser ist belebender Regen und todbringende Überschwemmung. Manche Pflanzen, die wir schon aufgegeben hatten, konnten durch ein wenig Wasser wie neu zum Leben erweckt werden. Ganze Ernten können durch Überflutung fortgerissen und zerstört werden, Menschen in seinen Strudeln in die todbringende Tiefe gerissen werden. Wir werden daraus geboren und können darin umkommen. Mit diesem Aspekt wird auch bei den ursprünglichen und bis heute praktizierten Erwachsenentaufen gearbeitet: Der »alte« Mensch vergeht im Wasser, er geht darin unter und kommt als neugeborener Mensch wieder daraus hervor. Wenngleich man bei uns beim Taufen nicht mehr getaucht wird, ist diese Thematik noch in dem symbolischen Benetzen enthalten.

Reinigendes Wasser

In der Reinigung durch Wasser steckt ebenfalls der Aspekt, dass man Altes, Unreines entfernen kann und gereinigt und wie neu daraus hervorgeht. Das funktioniert auf mehreren Ebenen. Wir können uns mit Wasser ganz materiell reinigen, also uns waschen. Und wir können uns darüber hinaus auch energetisch reinigen. Wir waschen und duschen uns nicht immer nur, weil wir tatsächlich konkret schmutzig sind, sondern häufig ebenso, um Unreines und Unbehagliches fortzuspülen. Mit einer abendlichen Dusche spülen wir nicht nur den Schweiß und Dreck des Arbeitstages

Nach einem überstandenen Infekt haben wir das Bedürfnis, Bettzeug und Kleidung umgehend zu waschen. Die Bakterien können uns dann zwar nichts mehr anhaben, aber wir wollen die Krankheit fühlbar hinter uns lassen.

Träger von Segen und Kraft

Da das Benetzen in einem Ritual mit geweihtem Wasser geschieht, liegt darin auch der Aspekt des Segnens. Wie Sie vielleicht wissen, ist Wasser gemäß der Untersuchungen des japanischen Wissenschaftlers Masaru Emoto ein hervorragender Informationsspeicher. Er hat Wasser mit Musik beschallt oder positive und negative Worte darauf einwirken lassen und es dann unterm Mikroskop fotografiert. So konnte er sichtbar machen, dass es Energien und Schwingungen aufnimmt und speichert. Die innere Struktur des Wassers verändert sich in Abhängigkeit von den Einflüssen.

Auch beim Feng Shui ist seit etwa 1700 Jahren schriftlich überliefert, dass Wasser das Qi stoppt, also die Energie in sich sammelt. Deshalb können wir das Wasser durch eine Weihung, eine Segnung energetisch mit guten Wünschen aufladen. Danach lässt sich dieser Segen durch Benetzen mit diesem aufgeladenen Wasser weitergeben und übertragen.

weg, sondern reinigen uns wohltuend auch von Stress und allen möglichen belastenden Emotionen und Energien.

Rituelle Waschungen und Reinigungen gibt es in vielen Kulturen: vom kompletten Eintauchen, dem Baden in heiligen Flüssen über das Waschen von Körperteilen bis hin zum Benetzen oder sogar nur angedeutetem Benetzen von bestimmten Körperstellen.

Ruhe und Bewegung

Wasser ist ebenso Synonym für Ruhe wie auch für Bewegung und Veränderung. Ein quirliger, gluckernder Bachlauf, ein sich ruhig und rhythmisch bewegendes Meer, das majestätische Fließen eines breiten Stromes. Die ersten Siedlungen der Menschen sind bevorzugt an Wasserläufen entstanden, natürlich wegen der Versorgung mit Frischwasser, aber auch um diesen natürlichen Verkehrsweg, diese Beweglichkeit zu nutzen. Die vom Wind bewegten Meere mit ihren wechselnden Wasserständen bei Ebbe und Flut sind ständige Veränderung. Bedingt sind sie durch die Gravitationskraft des Mondes, der sich augenscheinlich auch ständig wandelt.

Schon in frühen kosmologischen Vorstellungen zählte man das Wasser zu den weiblichen, passiven Elementen, denn es nimmt auf und wird bewegt.

Dadurch werden das Wasser wie auch der wandelbare Mond mit dem Bereich der Emotionen in Verbindung gebracht. Wasser steht für Gefühle und Empfindungen, die ja auch besser nicht erstarrt sein sollten. Sie sollten möglichst in Bewegung sein, denn dann sind sie gesund für uns. Auch da gibt es eine offensichtliche Verbindung, denn auch Wasser kommt in unterschiedlichen Zuständen vor: als strömendes Gas, als bewegliche Flüssigkeit und als zu fester Form erstarrtes Eis.

Ein Ritual, bei dem es um das Loslassen, also letztlich um erstarrte Gefühle ging, hatte ich mit der Teilnehmerin am Ufer eines Sees durchgeführt. Das Wasser war an jenem Morgen unerwartet von

Wasser verwandelt

einer dünnen Eisschicht überzogen. Doch während des Rituals schmolz dieses Eis, und alles kam wieder in Bewegung. Manchmal ist die wahrlich zauberhafte Verbindung eben perfekter, als man es sich überhaupt vorstellen kann.

Wasser kann sehr ruhig sein. Es gibt ebenso die spiegelglatte See, in der schon in alten Mythologien Halbgötter sich in ihren eigenen Reflexionen verloren haben. In einem stillen See kann man sich spiegeln, man kann allen Aspekten der eigenen Psyche auf den Grund gehen und sich darin auch verlieren. Nicht umsonst gilt ein See als Tor zum Unbewussten. Denn stille Wasser sind tief. Und tiefe Wasser sind kalt und dunkel. Was darin einmal absinkt, ist weg. Man sagt auch, was das Meer einmal genommen hat, gibt es nicht wieder her.

Die umkehrenden Spiegelungen in einem See führen uns anschaulich das hermetische Prinzip des »Wie oben so unten« vor Augen.

Faszinierend: das unendliche Blau des Wassers.

Die Teile des Ganzen

> **Das Element Wasser in Loslassritualen**
>
> Vielleicht möchten Sie Schweres, das auf Ihnen lastet, wie belastende Situationen oder bedrückende Scham- und Schuldgefühle, loslassen. Lassen Sie es dann stellvertretend durch einen Stein ins Wasser fallen, und es verschwindet sofort aus Ihren Augen, es ist sofort weg. Sie erleben dadurch eine abrupte, unmittelbare Trennung und Erleichterung. Oder wenn Sie etwas sanfter loslassen wollen, können Sie dies in Gestalt eines Laubblattes oder einer Blüte sachte und behutsam auf die Wasseroberfläche setzen und es unter Ihren begleitenden Blicken von der Strömung allmählich davontragen lassen. Dabei löst sich die Verbindung langsam, bis Sie es endgültig aus den Augen verlieren. Beide Wege bergen ganz unterschiedliche Qualitäten.

»Alles fließt und nichts bleibt, es gibt kein eigentliches Sein, sondern nur ein ewiges Werden und Wandeln.«
Heraklit

Loslassen mit Wasser

Damit ist Wasser nicht nur das Element von Segnung, Reinigung, Belebung und Neubeginn, sondern auch für Ende und Loslassen. Es ist wirklich Anfang und Ende zugleich. Das Loslassen mit Wasser hat eine andere Qualität als mit Feuer. Beim Feuer erleben Sie, wie das Alte aufgezehrt und dabei transformiert wird. Beim Wasser entschwindet das, was Sie loslassen und dem Wasser übergeben, einfach Ihrem Blick. Es wird aufgenommen und geht unter, oder es wird fortgetrieben.

Das Element Erde

Die Aspekte der Erde sind unendlich vielfältig. Da denken Sie vielleicht zum einen an den Planeten Erde, der die Basis für unser

Kraft der Erde

gesamtes Sein ist. Erde ist aber auch der Gegenpol zu den Wassern. Gleich nach dem Licht und nach der Abgrenzung gegen den Himmel wurde gemäß des biblischen Schöpfungsmythos am dritten Tag die Erde vom Wasser abgegrenzt. Sie bildet unsere Kontinente und unsere Länder. Sie ist unsere Position und unsere Orientierung. Da sprechen wir von der Scholle, der wir verbunden sind, von unserem Grund und Boden und von unserem Vaterland. Wir setzen Grenzsteine, um unseren Raum, unseren Besitz zu definieren und für alle deutlich zu markieren. Mit Steinen können wir unseren Weg markieren und uns Orientierung schaffen. Das hat schon Hänsel und Gretel geholfen. Steine können für uns aber auch Stolpersteine sein, Hindernisse auf unserem Weg.

Sie können damit auch in Ihrem Ritual arbeiten und sich Ihre Steine buchstäblich aus dem Weg räumen. Denn Erde steht auch für das Festgefügte und Starre. Da wieder Bewegung hineinzubringen kann sehr heilsam sein. Und Erde steht für das Schwere, für die Lasten, die wir tragen. Eine solche konkrete Last im Ritual loszulassen, wirkt real befreiend. Mehr dazu im Kapitel zum Thema Loslassen ab Seite 110.

> In der Niedersachsenhymne heißt es: »Wir sind die Niedersachsen, sturmfest und erdverwachsen ...«

Erde gibt Halt

Erde ist der Inbegriff für Materie und Beständigkeit. Sie ist dicht und kompakt. Sie lässt Blumen, Gräser und Bäume in sich wurzeln und gibt ihnen nicht nur Nahrung, sondern auch den nötigen Halt. Auch für uns ist sie die Basis, auf der wir stehen und gehen und unser Leben leben. Sie ist unser Halt. Jemand, der stabil seinen Standpunkt vertreten kann, lebt nicht im sogenannten Wolkenkuckucksheim. Denjenigen, der seine Vorhaben konkret im Hier und Jetzt umsetzt, bezeichnen wir als geerdet. Dieser Mensch erscheint uns solide und gefestigt.

Die Teile des Ganzen

> **Erde in der chinesischen Tradition**
>
> Im chinesischen Lo-Shu-Quadrat, einer Anordnung von drei mal drei Zahlen von 1 bis 9, in dem alle Energiequalitäten des Seins und alle Aspekte der Natur repräsentiert sind, steht die Erde im Zentrum. Im chinesischen Kalender ist in der Unterteilung des Jahres die Erdenergie viermal vertreten – als verbindender und ausbalancierender Aspekt zwischen allen weiteren jeweils nur einmal vorkommenden Energien.

Die Erde und ihre Anziehungskraft – sie sind immer und verlässlich für uns da.

Durch den Halt, den die Erde uns bietet, steht sie auch für Vertrauen. Ein Erdbeben, wenn die Erde unter uns plötzlich nicht mehr die gewohnte Stabilität hat und nicht den gewohnten Halt gibt, ist schon in geringen Graden ein zutiefst beunruhigendes Erlebnis. Denn das sichere Urvertrauen in diesen beständigen Halt ist ganz wichtig für unsere innere Ruhe und inneren Frieden. Uns bekannte Formulierungen wie die Bezeichnung, dass etwas »bodenlos« ist oder dass »der Boden unter mir ins Wanken geraten ist« oder wir »den Boden unter den Füßen verlieren«, zeugen von der Bedeutung für uns. Nichts strahlt diese Aspekte besser aus als ein friedlicher, sanft geschwungener Acker oder ein majestätischer in sich ruhender Berg.

Sich erden, zentrieren und schützen

Bei allen Energieübungen, Meditationen und Ritualarbeiten ist das sich Sammeln und Zentrieren ein wichtiger Bestandteil. Und er ist immer gleichgesetzt mit einem sich Erden. Sie kennen sicher das beruhigende, friedliche Gefühl, das sich ganz schnell einstellt, wenn Sie sich direkt auf den Erdboden legen. Da strömt einfach

SCHÜTZENDER HALT VON UNTEN

Ruhe und Sicherheit in uns hinein. Der sichernde Halt, den uns die Erde gibt, ist auch Schutz. Ein Schutzwall wird aus Steinen gebaut. Auch bei sehr intensiven Ritualen im Freien bildet man deshalb häufig einen Schutzkreis aus Steinen.

Erde gibt Leben

Erde ist auch der Mutterboden, die fruchtbare Erde, aus der alles erwächst, aus der alles entsteht und auf der die Früchte wachsen. Deshalb sprechen wir von Mutter Erde oder in manchen Kulturen auch von Großmutter Erde. Erde ist gleichbedeutend mit der festen Materie, die uns umgibt. Und das Materielle, das nicht aus Erde besteht, ist aus ihr gewachsen oder wird von ihr genährt. Gemäß dem biblischen Schöpfungsmythos hat die Erde, kaum selbst erschaffen, sofort sämtliche Pflanzen hervorgebracht.

Schon in der Geschichte von den drei kleinen Schweinchen bietet nur das Haus aus Stein den hinreichenden Schutz vor dem gefährlichen Wolf.

Die Erde gibt allem Leben den Halt, um emporzuwachsen.

49

Die Teile des Ganzen

Erde, das ist das majestätische Gebirgsmassiv und der feinkörnige Sand der Wüsten und Strände. Sie ist der gerundete Flusskiesel, der Marmor, aus dem schönste Skulpturen entstehen können, und der Lehm, aus dem Ziegel für Häuser gebrannt werden. Schon der erste Mensch wurde gemäß der Bibel aus Lehm erschaffen.

Erde ist das urweibliche Element schlechthin, der Inbegriff für Entstehen, Wachsen und Nähren. Die Erde empfängt die feurige Kraft der Sonne, die Samen der Pflanzen und das Wasser und bringt in sich, aus sich heraus alles zum Wachsen. Mit all dem, was sie gebiert, nährt sie alle ihre Kinder, die auf ihr und von ihr leben. Wir sprechen nicht umsonst vom Schoß der Erde, aus dem wir gekommen sind.

Das Element Erde wird in der bildenden Kunst manchmal als vielbrüstige, nährende Frau dargestellt.

Der schöpferische Aspekt

Bei all der Vielfalt, die aus der Erde erwächst, ist sie gleichbedeutend mit Kreativität und konkretem Schaffen. Dieses Element symbolisiert nicht die Phase von zart aufkeimenden Träumen und Visionen und nicht die neuen Leidenschaften, sondern da wird etwas durch konkrete Handlung geschaffen.

Von den Lebensphasen her wird dementsprechend in westlichen wie auch in östlichen Traditionen das Erdelement der Zeit des Erwachsen-Seins zugeordnet, wenn man beruflich wie privat Früchte ausbildet, damit lebt und davon zehrt. Es ist also die Zeit, wenn man Kinder bekommt, sich beruflich etabliert und Konkretes aufbaut. Steht der Aspekt des Kreierens und Schaffens im Vordergrund, ist die Erde im Westen angeordnet, denn im Westen neigt sich die Sonne. Das ist die Zeit des Spätsommers und Herbstes, wenn die Früchte der Erde vollends reifen und geerntet werden.

> **Das Element Erde im Ritual**
>
> Wenn Sie im Ritual mit dem Aspekt des Schaffens und Wachsens und Kreierens arbeiten wollen, ist das Element Erde die perfekte Entsprechung dafür, ist doch das Handeln als Bereich des menschlichen Seins der Erde zugeordnet. Wenn in Ihrem Leben ansteht, dass konkret etwas entstehen soll, können Sie das mit dem Element Erde bestens rituell initiieren. Wie wunderbar lassen sich Objekte aus Ton modellieren! Dabei können Sie wirklich mit der reinen Materie erschaffen — mit Ihren Händen, mit Ihrem Körper, der ja auch Materie ist. Es ist sehr intensiv, was aus diesem Miteinander entsteht, was aus Ihnen heraus und so in die Manifestation kommen kann. Oder Sie können ganz konkret etwas wachsen lassen, aus der Erde heraus. Sie können ein Samenkorn in die Erde einbringen und miterleben, wie das neue Leben daraus hervorwächst.

Erde zu Erde, Asche zu Asche, Staub zu Staub

Dies ist ein Aspekt der Erde, der gern verdrängt wird. So wie wir im übertragenen Sinne aus dem Schoß der Erde geboren wurden, kehren wir auch dorthin zurück. Wir alle, die wir schon mal selbst oder mit unseren Kindern ein verstorbenes Tier begraben haben, wissen darum. Wenn man die Stelle nach einiger Zeit unbedacht umgräbt, ist da kein Tier mehr. Diese Tatsache gehört einfach zum puren Kreislauf der Natur.

Fakt ist, unsere Erdgebundenheit erinnert uns Menschen an unsere zeitliche Begrenztheit hier in diesem Leben und damit auch an unsere Gebrechlichkeit. Steht dieser Aspekt der Endlichkeit unseres Seins, also die Vollendung des Lebenskreises mit der Rückkehr

Die Erde nimmt am Ende alles wieder zu sich, um es neu zu wandeln.

Die Teile des Ganzen

Winter, Erde, Norden — all das steht auch für das Ausruhen, das Kraftschöpfen für alles Neue.

in die Erde im Vordergrund, ist die Erde im Norden angeordnet. Denn der Norden ist der Ort der Dunkelheit. Der alte Merkspruch zu den Himmelsrichtungen sagt es aus: »Im Osten geht die Sonne auf, im Süden nimmt sie ihren Lauf, im Westen wird sie untergehen, im Norden ist sie nie zu sehen.« Das ist auf den Jahreskreis übertragen die Zeit des Winters, wenn alles vor Kälte erstarrt und alles Leben scheinbar abstirbt. Dieses Wissen bietet uns in unserem Ritual aber auch die Möglichkeit, für uns Vergangenes symbolisch der Erde zu übergeben und so loszulassen.

Das Element Luft

Luft ist als Element ebenso existenziell wie scheinbar nicht existent. Ohne Wasser kommen wir eine Zeit lang aus und noch länger ohne Nahrung. Ohne Luft jedoch kommen auch trainierte Apnoetaucher nur sehr kurze Zeit aus. Ohne zu atmen ist kein Überleben für uns möglich. Deshalb spricht man vom Atem auch als dem Lebensodem oder Lebenshauch. Gemäß der Bibel wurde der erste Mensch aus Erde geformt, doch erst, als Gott ihm den Lebensodem in seine Nase einblies, wurde er lebendig. Vielleicht benannten deshalb auch die griechischen Philosophen die Luft als den göttlichen Äther.

Die Luft — unsere Verbindung mit dem Außen

Wir atmen die Luft, dieses unsichtbare Gasgemisch ein und aus. Dabei verbrauchen wir den Sauerstoff, den die Pflanzen produzieren, und geben Kohlendioxid ab, das die Pflanzen wiederum brauchen. Darüber sind wir in einer perfekten und elementaren Verbindung.

Ein Austausch besteht aber nicht nur mit den Pflanzen. Wir nehmen über unsere Lungen auch den Atem unserer Mitmenschen in uns auf und sind darüber in Austausch. Über die Nase nehmen wir mit der Luft auch alle Gerüche auf, die sie transportiert. Wie riecht Ihr Nachbar? Können Sie ihn gut riechen? Können Sie seine Nähe ertragen? Von zu viel Nähe können wir auch »erstickt« werden. Und wenn uns alles zu viel geworden ist, wenn zu sehr »dicke Luft« ist, sprechen wir auch davon, dass wir eine Atempause brauchen und erst mal frische Luft schnappen müssen.

Über die Luft werden nicht nur Gerüche übertragen, sondern auch Krankheitserreger, Viren. Inmitten großer Menschenmengen zur herbst- und winterlichen Infektzeit merken wir nur zu gut, wie intensiv der Austausch über die Luft ist. Unser zweites großes Atmungsorgan ist bekanntlich die Haut. Und auch darüber sind wir in ständiger Verbindung mit dem Außen. Wir spüren über Berührung unsere Mitmenschen und die Gegenstände um uns herum. Wir empfinden Hitze, Kälte, Feuchtigkeit und Trockenheit, eben alle Einflüsse unserer Umgebung. So wie uns bei manchen Begegnungen die Luft wegbleibt, können sich auch Haare aufstellen und Schauder über die Haut laufen. So intensiv ist unser Kontakt über die Haut, dass wir so unmittelbar reagieren.

Den Atem — und damit unser Sein — regulieren

Über den Atem können wir auch bewusst auf unsere Reaktionen einwirken. Wir können uns durch gezieltes Atmen aufladen. Und wir können den Atem, unseren Lebensodem, beabsichtigt dorthin lenken in unserem Körper, wo dieser besondere Hauch gebraucht wird. Ich habe es zum Beispiel bei schamanischer Arbeit erfahren, dass der Geist eines Krafttieres eingeblasen wurde. Und wir alle kennen sicher die wundersame Heilung, die man bei Kindern mit dem Wegpusten von Schmerzen bewirken kann.

Die vielfältigsten Kulturen kennen Atemübungen, die gezielt Körper, Geist und Seele beeinflussen.

Die Teile des Ganzen

Wir können auch wirkungsvoll über das bewusst kraftvolle Ausatmen Angestautes und Anspannungen loslassen. Das machen wir ohnehin ganz unwillkürlich während und nach überstandenen Stresssituationen. Jegliches Wehklagen und Stöhnen vor Kummer und Schmerz dient dem gleichen Zweck. Aber wir können ein sehr wirkkräftiges Loslassen über den Atem auch als absichtsvolles Ritual praktizieren.

Mein Vater gab mir schon früh den weisen Rat: »Auspusten, immer auspusten!« Er meinte damit, dass ich Anspannung und Stress einfach rausatmen soll.

Notwendiges aussprechen

Über die Luft werden nicht nur Gerüche übertragen, sondern auch Schallwellen. Mit unserer Stimme können wir unsere Wut hinausschreien, unserem Ärger Luft machen. Dabei kann es dann natürlich passieren, dass wir mit unseren Worten Sturm

Luft wird in der bildenden Kunst manchmal durch eine Windmühle symbolisiert.

MACHT DER WORTE

säen. Auf jeden Fall kommt darüber Bewegung in die Situation. Mit unserer Stimme können wir auch Worte der Liebe und Harmonie und gute Wünsche aussenden. Deshalb sprechen wir auch davon, etwas »in unser Leben zu rufen«. Wünsche und Absichten zu denken ist eines. Durch das Aussprechen, das Ausrufen bringen wir unsere Absicht tatsächlich in die Welt, wo sie von der Luft verbreitet wird und zur Wirkung kommen kann. Alles, was wir während unseres Rituals aussprechen, ist also Arbeit mit dem Luftelement.

Luft in ihrer Entsprechung als Himmel wird bei der Anordnung der Himmelsrichtungen häufig der Erde gegenüber platziert.

Das Element Luft in Ritualen

Loslassrituale können Sie wunderbar an stürmischen Tagen durchführen. Denn da erledigt der Wind die Arbeit für Sie wie von selbst. Er trägt alles, was Sie in symbolischer Form loslassen, wie Federn, Asche oder Blätter, kraftvoll und energisch mit sich fort. Wenn Sie sich dabei selbst auch noch richtig durchpusten lassen, können Sie Ihre neu gewonnene Freiheit förmlich spüren.

Der Rauch von Kräutern oder Harzen wurde immer schon als Gabe an die Geister oder Gottheiten verwendet. Er macht deutlich sichtbar, dass damit verbundene Gebete, Bitten und Wünsche wirklich zum Himmel hinaufsteigen. Das Räuchern trägt zum einen die transformative reinigende Kraft des Feuers in sich und zum anderen die leichte und bewegende Kraft der Luft. Durch die aufsteigende Verbindung zum Himmel birgt das Element Luft die Anbindung an das Transzendente in sich. Dadurch ist dieses Element als allgegenwärtiger Begleiter bei Ritualen so ungemein wertvoll.

Die Teile des Ganzen

Luft ist Bewegung

Luft ist scheinbar nicht existent, denn wir können sie nicht sehen. Wir sehen sie nur als die Wolken am Himmel in der Atmosphäre über uns. Aber das sind ja eigentlich Wasserteilchen und nicht die Luft selbst. Wir können nur die Gerüche und die Feuchtigkeit wahrnehmen, die die Luft transportiert. Und wir spüren sie als Windhauch auf unserer Haut. Denn Wind ist bewegte Luft. So ist sie flüchtig und leicht und doch immer da.

Als Wind kann die Luft sanft säuselnder Hauch sein oder heftiger Sturm, der alles mit sich fortreißt. Ohne Wind würde viel weniger wachsen, denn der Wind ist ganz wichtig beim Verbreiten von Pflanzensamen. Er kann aber auch den Samen mitsamt der Ackererde komplett verwehen, Wüstensand über Ozeane hinweg tragen und über lange Zeit ganze Berge abtragen. Wind gibt Richtung vor und kann die Richtung schnell wechseln. All das lässt sich im übertragenen Sinne auch in Ritualen nutzen.

Symbole

Der Ausdruck Symbol stammt ab vom griechischen Wort symballo — »zusammenfügen«. Es leitet sich von einem Medaillon ab, das aufgeteilt und wieder passend zusammengefügt als Erkennungsmerkmal diente.

Ein Symbol geht gemäß Carl Gustav Jung über ein bloßes Zeichen für etwas weit hinaus. Ein Zeichen ist einfach nur ein Platzhalter für etwas Bekanntes. Ein Symbol aber ist ein bestmöglicher Ausdruck für etwas zwar Vorhandenes, aber nur vage Bekanntes. Es enthält also mehr, als auf den ersten Blick zu erkennen ist. Ein Symbol ist in der Lage, all das dem Gemeinten Innewohnende auszudrücken. Es lässt uns das Unwahrnehmbare wahrnehmen und erwirkt in uns eine intensive, unbewusste Anteilnahme. Es kann uns mit der komplexen Transzendenz verbinden, für die es steht. Eine Auflistung von Symbolen könnte unendlich lang sein. Hier stelle ich die fundamentalen Formen vor: Kreis, Linie, Dreieck,

Quadrat und damit die Zahlen Eins, Zwei, Drei und Vier. Damit können Sie erahnen, wie grundlegend Symbole in Ritualen vertreten sein können — nicht einfach nur als offensichtlich verwendetes Objekt, sondern auch als erlebbarer Ritualraum selbst, als räumliche Achsen und als Gesten im Ritual.

Der Kreis

Ein Kreis verkörpert das Himmlische. Der große für unser Sein sichtbar relevante Himmelskörper, die Sonne, erscheint uns als Kreis am Himmel. In der Erfahrung, die wir Menschen machen, drehen sich die Sonne, der Mond und alle Sterne um die Erde. Auch wenn wir natürlich längst wissen, dass das Universum nicht geozentrisch ist, erscheint es uns dennoch so. Es hat den Anschein eines riesigen, sich drehenden Himmelszeltes, eines runden Himmelsgewölbes. Damit ist also der Himmel rund, das Himmlische ist symbolisiert durch den Kreis. Der Kreis verkörpert das große Eine, die Eins, das große Ganze, aus dem alles entsteht und von dem alles kommt. Dadurch steht er für das Vollkommene und Göttliche. Durch die Verbindung des Kreissymbols mit dem Himmlischen und Transzendenten treten wir im Kreis leichter in den Kontakt damit.

Beim chinesischen Feng Shui wird die Metallenergie durch den Kreis in Metallfarben und in Weiß und Grau verkörpert. Diese Energie steht dort für den Himmel und für das väterliche Prinzip.

Die Harmonie des Kreises

Wenn wir einen Stein ins Wasser werfen, entstehen vom Punkt des Eintauchens aus gleichmäßige, perfekt konzentrische Kreise. Wenn Sie in einem Kreis in der Kreismitte stehen, haben Sie die gleiche Entfernung zu allen Seiten des Umfangs. Wahrscheinlich deshalb ordnen wir uns beim Singen und Spielen so gern im Kreis an. Wir tanzen um einen Baum herum und sitzen im Kreis um das Lagerfeuer. Wir können uns wunderbar an den Händen halten, und

Die Teile des Ganzen

Durch den Zusammenschluss des Daumens mit dem Zeigefinger wird ein konzentrierender Kreis gebildet. Auch durch den Zusammenschluss Ihrer Hände können Sie für sich Ihren konzentrierenden Kreis bilden.

jeder hat genügend Raum und den gleichen Abstand zum Zentrum und zu seinem Gegenüber. In einem Kreis sehen wir jederzeit alle, die mit uns dort sind. Das ermöglicht uns ein intensives Miteinander. Sicher sprechen wir deshalb auch vom Gesprächskreis, vom Freundeskreis und vom Kreis unserer Lieben. Der Kreis bietet uns Geborgenheit und Schutz. Wie die schützende Wagenburg oder der schützende Kreis der Familie grenzt er nach außen ab.

Bei Ritualen im Freien wird als Schutz häufig ein Kreis gebildet — als ritueller Raum mit ausgelegten Steinen oder mit ausgestreutem Mehl. Darin fühlen wir uns gut aufgehoben. Im Zentrum stehend spüren wir allseits die gleiche Entfernung zur gesicherten Umrandung. Das gibt uns ein beruhigendes, beschütztes Gefühl und fördert unsere Konzentration und Zentriertheit. Ein Kreis schließt, wie ein Ring, alles darin schützend in sich ein. Er bildet die perfekte Sammlung in der Mitte und erleichtert die Konzentration auf die innere Stärke.

Konzentrische Kreise lassen sich besonders schön im Wasser beobachten.

Uralte Kreissymbole

Das Ende, das zugleich Anfang ist, wird auch durch den Uroborus symbolisiert. Das ist die Schlange, die sich selbst in den Schwanz beißt. Sie steht damit auch für das ewige Werden und Vergehen in der Natur. In noch größerem Maße verkörpern zwei miteinander verbundene Kreise den Aspekt des Ewigen und Unendlichen. Das Symbol dafür ist die Lemniskate, die liegende Acht. Sie ist auch in der Mathematik als Unendlichkeitszeichen bekannt und birgt in sich ein unaufhörliches rhythmisches Schwingen von einem Kreis zum anderen.

Um den Aspekt des Unendlichen und Permanenten zu symbolisieren, werden bei Eheschließungen die zwei Ringe ausgetauscht.

Ohne Anfang, ohne Ende

Ein Kreis hat weder Anfang noch Ende und ist dadurch unendlich. Er verkörpert das natürliche Geschehen, das Zyklische unseres Seins. Er steht wie auch das Rad für das Dynamische und die ewig bewegte Wiederkehr des Lebens. Ebenso wie auch die Zelte und Jurten der frühen, mit der Vegetation mitziehenden Nomadenvölker rund waren. Die Kreisform im Ritual hilft uns, auch mit dieser natürlichen Dynamik wieder mehr in Kontakt zu kommen.

Die Linie

So wie der Kreis als eine Fläche mit einem Mittelpunkt für die Zahl Eins steht, verkörpert die Linie mit ihrem Anfangs- und Endpunkt die Zahl Zwei. Damit symbolisiert sie die Dualität. Sie verbindet zwei Enden und damit zwei Extreme wie Anfang und Ende, Pluspol und Minuspol. Sie ist die Verbindung zweier Polaritäten, wie Himmel und Erde, Leben und Tod, Licht und Dunkelheit, männlich und weiblich. Die eigentliche Linie, also der Großteil der Strecke, befindet sich

Die Teile des Ganzen

> **Linien in Versöhnungsritualen**
>
> Bei versöhnenden Paarritualen nach einer überstandenen Krise arbeite ich gern mit dem Symbol der verbindenden Linie. Durch mit Abstand zueinander ausgelegte Positionen, die sich allmählich annähern, lässt sich die Überwindung der Gegensätze würdigend zelebrieren.
> Desgleichen können auch Sie mit einer abgesteckten Distanz zwischen Ihnen und einem symbolischen Fixpunkt eine für Sie zu überwindende Strecke — beispielsweise zu einem Ziel hin — rituell ausdrücken. Ein ausgelegtes Band kann dabei hilfreiche Orientierung und Halt sein.

Wenn man sich in Symbole hineinfühlt, erfasst man ihre Bedeutung meist ganz unwillkürlich.

aber zwischen den beiden Polen. So gibt es den Moment der Geburt und den Moment des Todes. Das gesamte Leben aber findet auf der ganzen langen Strecke zwischen den beiden Polaritäten statt, auf der Lebenslinie. Unser Leben besteht also aus den Zwischenstufen zwischen den beiden Extremen.

Die Anordnung von Linien im Raum

Eine aufstrebende vertikale Linie steht für die Verbindung zum Himmel und damit für das männliche Prinzip. Eine waagerechte Linie steht wie der sichtbare Horizont für die Erde, für die Materie und für das Weibliche. Ist eine waagerechte Linie noch nach unten gewölbt, steigert das den Eindruck des Offenen und Empfangenen. Sie geht damit in die Symbolgestalt des Kelches über mit all seinen Aspekten der Fülle, des Lebens und der Fruchtbarkeit. Bei einer überkreuzten Anordnung sind beide Ausrichtungen vertreten, und je ausgewogener die Längen der Linien zueinander sind, desto harmonischer ist natürlich das Kräfteverhältnis.

Eine senkrechte Linie hat wie ein erhobenes Schwert auch etwas Trennendes, Zerteilendes. Bei einer Tabelle grenzen wir die einzelnen Spalten mit senkrechten Linien gegeneinander ab. Sie haben etwas von einer aufgerichteten Trennwand oder Barriere (mehr dazu im Abschnitt zu den Gesten).

Wenn wir eine waagerechte Linie als eine Zeitlinie auffassen, liegt entsprechend unserer Lese- und Schreibgewohnheit links der Anfangspunkt, von dem aus wir die Linie zu ziehen begonnen haben. Dort befindet sich also die Vergangenheit. Nach rechts hin zielt die Strecke, die wir noch zeichnen werden, also die Zukunft. Diesen Zeitaspekt einer Streckenlinie können wir im Ritual für uns nutzen, wie beim Ritual: »Der gestärkte Feierabend«.

Das Dreieck

Wo sich die Linie auf die beiden polarisierenden Anfang- und Endpunkte beschränkte, kommt beim Dreieck noch ein dritter verbindender Aspekt hinzu. Durch diesen harmonisierenden Punkt dazwischen werden die bestehenden Gegensätze aufgelöst. Gab es zuvor den männlichen und den weiblichen Pol, ergeben jetzt diese beiden Gegensätze etwas Drittes, das von beiden etwas in sich trägt. Da haben wir jetzt den Vater, die Mutter und als Drittes: das Kind. Auf andere Zusammenhänge übertragen bedeutet das Dreieck auch: These — Antithese — Synthese oder auch Himmel — Erde — Mensch.

Das Dreieck erinnert aufgerichtet mit der Spitze nach oben an einen in den Himmel ragenden mächtigen Berg und verkörpert so das männliche Prinzip. Oder es symbolisiert mit einer Fläche nach oben, wieder an die Kelchform erinnernd, das weibliche Prinzip.

Zur Ahnenverehrung im Taoismus werden stets drei oder sogar drei mal drei Räucherstäbchen dargebracht, um die Wechselwirkung von Himmel — Erde — Mensch zum Ausdruck zu bringen.

Die Teile des Ganzen

Die Natur zeigt dem aufmerksamen Betrachter viele der Symbolformen.

In Kirchen sieht man das Dreieck mit der Spitze nach oben häufig mit dem allsehenden Auge darin als Zeichen der Dreieinigkeit von Vater — Sohn — Heiliger Geist.

Miteinander vereint ergeben beide Dreiecke das Hexagramm, das Siegel Salomons. Durch die dynamische, aufwärts strebende Anmutung des aufrecht stehenden Dreiecks ist es in vielen Systemen das Symbol für Feuer. Es erinnert ja auch sehr an die Form einer Flamme und steht als solches für Transformation.

Die Spanne unseres Lebens

Zwischen den konträren Positionen Geburt und Tod spannt sich beim Dreieck die gesamte Lebenstreppe auf mit ihrem Auf- und Abstieg. Übersehen wird dabei meist, dass sich bei einem Dreieck durch die Grundlinie wieder eine Verbindung vom Tod zur Geburt ergibt, also auch ein zyklischer Verlauf.

Im Zusammenhang mit dem Bild der Lebenstreppe ergeben sich mit dem Dreieck auch Zuordnungen zu Lebensabschnitten wie: Lebensphase der Jungfräulichkeit — Lebensphase der materiellen

DREIECK UND QUADRAT

Fruchtbarkeit als Mutter — Lebensphase der weisen Frau. Eine solche Dreiheit können Sie auch in Ihren Ritualen gut aufspannen und räumlich konkret erleben. So können Sie die vergangenen Phasen noch mal konkret resümierend durchlaufen und einen bewussten Übergang in bevorstehende Phasen begehen (siehe auch Ritual »Die neue Lebensphase«, Seite 128).

Das Quadrat

In unserer erfahrbaren Realität ist das Quadrat die Basisform der Häuser, Felder und Städte von uns sesshaften Menschen. Das Viereck gilt damit als Zeichen der vom Menschen geschaffenen Ordnung. Die Bezeichnung »Stadtviertel« weist noch heute auf quadratisch angelegte Städte hin. Solch streng waagerechte und senkrechte Unterteilungen haben schon die Römer vorgenommen, wie teilweise heute noch zu sehen ist.

In der Traumdeutung gilt das Quadrat als Symbol für seelische Ausgewogenheit.

Das Quadrat gibt auch in der Natur eine klare Ordnung vor.

Die Teile des Ganzen

Vielleicht haben Sie einen viereckigen Altar und darauf eine runde Klangschale oder Glocke? So schaffen Sie die verbindende Harmonie von Himmel und Erde und werden zu einem Teil davon. Sie schaffen damit für sich die Verbindung von Quadrat und Kreis, von Materie und Geist.

Eine derart klare und gleichmäßige Struktur gibt Ordnung und Halt. Das Quadrat vermittelt Stabilität und Ausgewogenheit. Es ist die vollendete Form aller vom Menschen geschaffener Bausubstanz mit vier Ecken und vier Seiten. Auch im chinesischen Feng Shui spricht man beim als Ideal angestrebten, möglichst quadratischen Grundriss vom sogenannten Vier-Punkte-Gold. Dadurch ist das Quadrat Symbol für alles Irdische und Materielle und damit für die Erde selbst. Dem Element Erde zugeordnet steht es für das Schaffen und Verwirklichen.

Sinnbild für Halt und Struktur

Unsere irdische Existenz ist durch die Vier des Quadrats strukturiert. Unsere Ortung und Orientierung beruht auf den vier Himmelsrichtungen: Osten, Westen, Süden und Norden. Wenn wir uns im Raum orientieren und bewegen, gibt es dort auch vier Möglichkeiten: nach vorn, nach hinten, nach rechts und nach links. Wir sind bestimmt und umgeben von den vier Elementen und den vier Jahreszeiten. Auch das gibt uns Struktur und Halt. Im Ritual können Sie sich von einem Viereck umgeben und sich darüber bewusst mit dem Irdischen verbinden. Sie sind geerdet — besonders wenn Sie Ihr Ritual in einem Innenraum mit seinem viereckigen Grundriss durchführen. Auch ein Teppich oder eine Decke als definierender Raum kann viereckig sein. Sie rufen die vier Kräfte und wenden sich dabei den vier Himmelsrichtungen zu.

Gesten

Gesten sind nonverbale, körperliche Ausdrucksformen. Damit lassen sich seit frühester Zeit Inhalte und Beziehungen darstellen und verdeutlichen und Botschaften übermitteln. Gesten können von Kulturkreis zu Kulturkreis unterschiedlich sein, haben aber gemäß Darwin eine universelle vormenschliche Basis. Die Kommunikation findet bei Tieren und bei Menschen gleichermaßen über Gesten statt und verläuft bei uns überwiegend auf unbewusster Ebene. Wegen ihrer tief greifenden Wirkungskraft sind Gesten ein wichtiger Bestandteil von Ritualen. Ihre Wirkkraft hängt, ebenso wie es für das gesamte Ritual gilt, von der Intensität Ihrer Absicht und Ihrer Ausführung ab.

Das Verbinden

Wenn wir uns mit jemandem verbinden wollen, reichen wir ihm die Hand. Das geschieht bereits bei der Begrüßung. Das begrüßende Händeschütteln hat zudem den pragmatischen Herkunftshintergrund, dass man sich damit gegenseitig die friedliche Absicht in der Begegnung demonstrieren konnte. Die zum Gruß entgegengestreckte Hand beweist, dass sich darin kein Schwert oder Dolch verbirgt. Beide Parteien werden so friedvoll zu einem Austausch zusammengeführt.

Der spezielle Feng-Shui-Kompass, der LuoPan, besteht aus einer quadratischen Grundplatte als Symbol der Erde mit einer sich drehenden, metallenen Scheibe darüber als Symbol des Himmels.

Einander die Hand reichen

Das Halten der Hände gibt wirklichen Halt. Beim Erklimmen eines Hindernisses waren Sie sicher bereits einmal dankbar über eine Ihnen hilfreich entgegengestreckte Hand. Bergsteiger wissen: Wenn der Halt der Verbindung noch verlässlicher sein soll, bildet man am besten eine Seilschaft. Aus dem Abschnitt über die Symbole wissen Sie bereits, dass eine Linie die Verbindung zwischen zwei Positionen bildet. In der Realität ist das ganz genauso.

Die Teile des Ganzen

Darüber hinaus schafft es auch auf energetischer Ebene eine Verbindung über die Energiepunkte in den Händen (siehe auch Seite 87). Beim Händehalten im Kreis haben Sie vielleicht schon mal den Fluss der Energien gespürt.

Bei einer Verletzung lassen Sie sich verbinden. Es wird ein Verband umgelegt, der das Heil- und Ganz-Werden schützt und unterstützt. Eine ebensolche Geste gibt es, wenn ein Paar eine Verbindung eingeht: Die Partner reichen einander die Hand und mit einem Band wird das Miteinander bekräftigt. Das Ganz-Werden als Paar wird geschützt, und es wird eine haltbare Verbindung geknüpft. Unter dem schützenden Band kann das Paar die Verbindung eingehen und als Ganzes zusammenwachsen. Ich lasse bei Paarzeremonien gern das Paar kraft eigener Autorität den aktiven Impuls setzen und sich selbst mit dem Band der Liebe verweben. Ein Band kann auch um das Paar als Ganzes gewunden werden, oder es erhält jeder ein Band, einen Faden oder eine Schnur, und beide Stränge werden miteinander verknotet.

»Über alles aber ziehet an die Liebe, die da ist das Band der Vollkommenheit.«
Kolosser 3,14

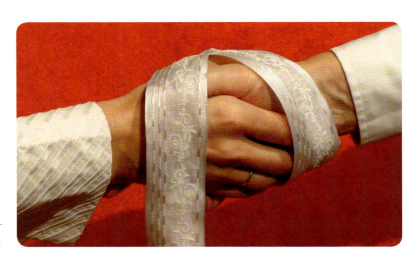

In Liebe verbunden – Teil eines Paarrituals.

Das Trennen

Wenn einmal eine Bindung mit einem Band geknüpft wurde, können Sie diese durch das Zerschneiden eines Bandes als eine offenkundige Handlungsgeste auch wieder trennen. Die Trennung wird nicht nur gestisch angedeutet, sondern es wird stellvertretend wirklich die Verbindung gekappt. Solches Durchschneiden eines Bandes wirkt bei Trennungen sehr effektiv. Ein Band lässt sich mit einer Schere zerschneiden oder mit offensichtlicherem Gestus mit einem Messer zerhacken. Mit ebenso einer Hackgeste können Sie auch im energetisch übertragenen Sinne eine Trennung vollziehen. Bei Ritualen wird dazu gern eine kräftige, große Feder verwendet. Sie lässt sich führen wie ein Schwert und vermag energetische Verbindungen zu kappen. Eine weitere Trennungsgeste besteht darin, die Arme energisch zur Seite zu schieben, als wollten Sie abrupt Menschen oder Gegenstände auseinanderschieben und somit trennen.

Ein kraftvolles Stopp!

Vielleicht möchten Sie aber auch von vornherein eine Trennung vornehmen, also etwas gar nicht erst an sich heranlassen. Dann bewirkt eine Stopp- oder Ablehnungsgeste das Aufhalten einer entgegenkommenden Person, Sache oder Energie. Sie führen sie aus wie einen Block bei einer Kampfkunst: mit erhobener Hand und der Handfläche nach außen. Erheben Sie Ihre Hand oder auch beide Hände überkreuzt mit dem Handrücken nach vorn, hat das einen defensiveren Effekt, eher wie eine schützende Barriere.

In manchen Kampfkünsten wird deutlich, dass Gesten mehr sein können als nur in die Luft gezeichnete Andeutungen.

Das Loslassen

Um etwas loslassen zu können, muss zunächst letztmalig die Verbindung aufgenommen werden. Ganz pragmatisch gesagt: Wenn

Die Teile des Ganzen

Blüten können in einem Loslassritual wunderbar dem Wasser übergeben werden, das sie mit sich fortnimmt.

Sie einen Gegenstand loslassen möchten, müssen Sie ihn zuvor in der Hand halten. Auch bei einer Verabschiedung geht man erst noch einmal aufeinander zu und reicht sich die Hände. Erst wenn die Verbindung gestisch bewusst gemacht wurde, kann sie auch deutlich wieder losgelassen werden.

Wenn Sie eine Last loslassen möchten, sollten Sie diese zuerst spürbar erfahren. Als deutliche Handlungsgeste könnte das folgendermaßen ablaufen: Wählen Sie einen Stein, der diese Last repräsentiert, und halten Sie ihn dorthin am Körper, wo Sie die Last am deutlichsten spüren. Wenn für Sie der richtige Zeitpunkt zum Loslassen gekommen ist, führen Sie ihn weg von Ihrem Körper und werfen ihn fort. Das Loslassen sollte möglichst über mehrere Sinne für Sie wahrnehmbar werden. Das ist möglich, wenn das stellvertretende Objekt dabei Ihrem körperlichen Empfinden und zusätzlich Ihrem Blick entschwindet, indem Sie es beispielsweise ins Wasser fallen lassen. Sie können das Objekt auch dem Feuer oder der Erde übergeben. Selbst wenn Sie rein gestisch arbeiten — vor dem Loslassen sollte ein wahrnehmendes Halten erfolgen.

Das Loslassen können Sie auch mit Elementen des Trennens kombinieren und zum Beispiel eine zwischen Ihnen und dem Objekt gespannte Schnur durchtrennen.

Das Herbeiholen

Eine Geste zum Herbeiholen kommt einer Willkommensgeste nahe. Diese rührt nach Darwin ohnehin her vom Ausstrecken der Arme und dem Greifen nach dem Gewünschten. Und genau darum geht es auch hier: Wenn Sie etwas zu sich holen wollen, möchten Sie das Erwünschte haben. Sie möchten, dass es Sie erreicht. Also öffnen Sie sich dafür. Sie öffnen Ihre Hände, halten sie wie einen empfangenden Kelch mit den Handflächen nach oben.

Viele Methoden der Energiearbeit befassen sich damit, die Energiekanäle in unserem Körper immer feiner durchlässig, zugleich aber auch bewusst verschließbar zu machen.

Energien fließen lassen

In den Händen sind wesentliche Energietore verborgen (siehe auch Seite 87), ebenso wie im Bereich von Nabel und Sonnengeflecht, einem Ort besonders großer Ansammlung von Nervenzellen im Körper. Das merken wir mitunter daran, dass sich diese Region bei unangenehmen Situationen zusammenkrampft. Wir spüren Belastendes dann wie eine Faust im Magen landen. Da wir über diese Körperstellen Energien ganz unmittelbar empfangen, sollten sie während einladender und herbeiholender Gesten offen und entspannt sein.

Die Teile des Ganzen

Insbesondere im Qi Gong nutzt man die Bewegungen der Hände und Arme, um die Energien gezielt in und durch den Körper zu lenken.

Bei meinen Ritualabenden mache ich die Teilnehmer immer wieder darauf aufmerksam, dass sie bei allen Akten des Herbeiholens, wie dem Einladen der Kräfte oder dem Aussprechen von Wünschen, nicht mit übereinander geschlagenen Beinen dasitzen und sich nicht durch blockierende Arm- und Handhaltungen dem Energiefluss versperren sollten. Die Handinnenflächen und der Rumpf sollten für das zu Empfangene frei zugänglich sein. Die gesamte Körperhaltung sollte einen gleichmäßigen Energiefluss ermöglichen.

Wenn Sie mit nur einer Hand eine Geste des Herbeiholens ausführen möchten, machen Sie diese mit der linken Hand. Die linke Körperseite und somit auch die linke Hand gilt als die Yin-Seite, die weibliche und damit die empfangende Seite. Die rechte Seite ist dementsprechend die gebende Seite.

Das Integrieren

All das, was sich für Sie während des Rituals ereignet hat, alle Impulse in Form von Visionen, Bildern und Emotionen möchten

---

Höchste Perfektion der Energielenkung

Möglicherweise haben Sie schon mal einen Auftritt der Shaolin-Mönche erlebt. Als eine Darbietung lassen sie sich beispielsweise eine Holzlatte auf dem Kopf zerschlagen. Dabei ist Ihnen vielleicht aufgefallen, dass sie zuvor mit einer Bewegung wie der hier empfohlenen die Energie rings um sich her eingesammelt und schützend zum Kopf hin gelenkt haben. Energie lässt sich mit den Händen tatsächlich sammeln und gemäß der Absicht lenken.

Sie sicher ganz bei sich haben. Sie möchten es sicher ganz in sich integrieren, damit es weiter in Ihnen wirken kann und Sie durch Ihr weiteres Sein trägt. Dazu können Sie mit weit ausholender Geste alle Energie um sich herum einsammeln und zu sich führen. Am besten bewegen Sie dazu Ihre Arme in großem Bogen an beiden Seiten des Körpers hoch bis über Ihren Kopf. Sobald sich die Fingerspitzen über dem Kopf berühren, der Energiekreis also geschlossen ist, senken Sie die Hände mit den Handflächen nach unten. Beim Absenken wenden Sie die Handflächen dort zum Körper hin, wo Sie die gesammelte Energie und Kraft hinlenken möchten. Führen Sie sie dorthin, wo Sie in Ihrem Körper den Impuls danach spüren. Vielleicht mögen Sie alle gesammelten Geschenke zu Ihrem Herzen führen oder auch den Leib entlang bis zum Unterbauch. Denn dort, kurz unter Ihrem Nabel, ist der Dan Tien, das »Meer der Energie«.

Sehr gut kann es für Sie auch sein, wenn Sie sich dabei berühren. Wenn Sie beispielsweise zum Ende des Rituals eine positive Veränderung, eine Leichtigkeit oder eine ganz neue Freiheit in sich spüren, können Sie sich mit leichtem, aber deutlichem Druck dort berühren, wo Sie es spüren. Geben Sie sich dabei ganz und gar in dieses neue gute Empfinden hinein. So verankern Sie diesen Zustand an jener Stelle und können ihn bei Bedarf zu einem späteren Zeitpunkt wieder aufrufen und so neu aktivieren – einfach durch erneuten Druck auf diese Stelle. Das Positive ist dort und somit in Ihnen und Ihrem Sein integriert.

> **Jedes Ritual zielt letztlich darauf ab, dass wir unseren Alltag mit mehr Kraft und Vitalität, Freude und Begeisterung leben können.**

Schritt für Schritt

Nachdem Sie wichtige Bestandteile eines Rituals in ihrer Kraft, Bedeutung und Funktion kennengelernt haben, möchte ich Ihnen nun beschreiben, wie Sie diese verweben und Schritt für Schritt in einen kraftvollen Ablauf bringen können. So werden Sie bald in der Lage sein, wirkungsvolle Rituale zu kreieren, wann immer Sie sie in Ihrem weiteren Leben brauchen. Dabei betrachten wir in diesem Kapitel ausführlich den mehr oder weniger gleichbleibenden Rahmen um die Kernarbeit herum, Anregungen für viele thematische Bereiche folgen in den weiteren Kapiteln. Durch einen solchen gleichbleibenden Rahmen erleichtern Sie sich, in die notwendige Sammlung und Konzentration zu kommen. Sie erreichen dadurch leichter die Intensität, die ein Ritual auszeichnet.

Rituale, die dem hier beschriebenen Rahmen folgen, müssen weder lang noch kompliziert sein. Selbst kleine Feierabendrituale können in dieser Form gestaltet werden.

Die Vorbereitung

Ihnen ist sicher bereits klar geworden, dass ein wichtiger Teil eines Rituals in der Vorbereitung liegt. Damit stimmen Sie sich ein. Sie richten sich auf Ihre Absicht und auf Ihr Ziel aus.

Sie könnten natürlich, wenn Sie etwas loslassen möchten, das einfach auf einen Zettel schreiben und den verbrennen. Dann ist das Notierte zwar weg, das Ganze ist aber nur im Außen geschehen. So unvorbereitet wird es Sie gar nicht in Ihrem Kern berührt haben können. Und deshalb wird es in Ihrem Inneren auch nicht wirken können. Es wird so nicht funktionieren.

Schritt für Schritt

Eine wirkliche Vorbereitung lässt Sie zur nötigen Ruhe kommen und unterstützt Sie dabei, sich zu zentrieren und zu sammeln. Sie lässt Sie den Wechsel vollziehen vom alltäglichen Raum zum rituellen Geschehen. Während der Vorbereitung können Sie Ihre Konzentration und Ihre Energie für das bevorstehende Ritual bündeln.

Die klare Absicht

Und damit sind wir auch als Erstes gleich wieder bei der Absicht. Um sie festzulegen, sollten Sie für sich genau reflektieren, wie Ihr Status ist mit Fragen wie: »Wo stehe ich, was brauche ich, was ist zu viel, was behindert mich, was ist zu wenig in meinem Leben, was ist mein Thema? Welche Erwartungen, Ängste, Sorgen oder Vorbehalte habe ich in Bezug auf mein Thema? Gibt es unbewusste Widerstände?« All das kann man mit und während eines Rituals nicht einfach plattbügeln. Nehmen Sie derlei Ungeklärtes mit hinein, mindert es den Erfolg Ihrer Arbeit beträchtlich. Oder das Ritual dreht sich dann wohlmöglich unterschwellig darum und erzielt ganz andere, unerwünschte Resultate. All das Unterdrückte kommt während des Rituals vielleicht hoch und verkehrt alles ins Gegenteil.

Wenn während der Vorbereitung mehr oder weniger subtil andere Themen auftauchen, haben diese Vorrang und sollten zuerst angegangen werden. Deutlichstes Anzeichen dafür wäre, wenn Sie beispielsweise bei den Vorbereitungen für Ihr Hochzeitsritual merken, dass Sie eigentlich noch in einer vergangenen Beziehung verhaftet sind und noch gar nicht frei und bereit für eine neue Bindung. Dann sollten Sie natürlich zuerst die früheren Verbindungen rituell lösen.

Selbst wenn Sie für sich scheinbar einfach nur Rituale gestalten wollen, um mit den Energien der Jahreszeiten mitzuschwingen —

Manche meiner Klienten berichten bereits von einem großen persönlichen Gewinn, wenn ich sie dazu anhalte, die Absicht des gewünschten Rituals genau zu formulieren.

Kraft der Absicht

Dabei gilt, je klarer Sie den Kern Ihrer Intention herausgearbeitet haben, desto präziser können Sie Ihr Ritual in seiner Zusammenstellung und seinem Ablauf ausarbeiten und desto wirkungsvoller ist das Ganze auch. Von Ihrer Absicht, also dem klar formulierten Thema des Rituals, hängt die weitere Auswahl und Vorbereitung aller Inhalte und alles weiteren, der Symbole, Gesten und Ritualgegenstände, ab. Und vor allem ist die Bewusstmachung der Absicht ein wesentlicher Schritt in Ihrem inneren Prozess.

es sind doch immer Sie, um die es dabei geht. Sie stehen an einem ganz bestimmten Punkt in Ihrem Leben. Sie sind auf Ihre ganz eigene Weise in Resonanz mit den Qualitäten und Themen der jeweiligen Zeit. Schon um Ihretwillen sollten Sie sich diese Chance der klaren Ausrichtung nicht entgehen lassen.

Sobald Sie Ihre klare Absicht gefasst haben, können Sie den Ablauf des Rituals entwickeln, die einzelnen Schritte, Worte und Handlungen – die weiteren Ausführungen und die Beispiele ab dem folgenden Hauptkapitel werden Ihnen noch zeigen, worauf dabei zu achten ist.

Der Ritualplatz

Die Entscheidung darüber, ob Sie das Ritual drinnen oder draußen durchführen möchten, hängt natürlich sehr stark von den räumlichen und klimatischen Faktoren ab. Wenn Sie anfangs noch nicht so sehr in Ihrer Ritualarbeit gefestigt sind, werden Sie die Unge-

Ein kraftvoller Platz unter freiem Himmel, bizarre Felsformationen, uralte Bäume – das kann sehr schön sein, es ist für ein gelingendes Ritual aber nicht nötig.

Schritt für Schritt

Räucherwerk und ein Kerzenlicht gehören zu einem Ritual meist dazu.

störtheit eines Innenraumes umso mehr schätzen. Im Innen ist ein einmal aufgebautes Energiefeld stabiler zu halten. Im Außen können Sie jedoch von hinzukommenden Kräften profitieren. Besonders Loslassrituale sind draußen sehr kraftvoll. Wenn Sie etwas dem Wasser übergeben wollen, ist es natürlich sehr gut, wenn es tatsächlich fortgespült wird oder in den Tiefen eines Gewässers untergehen kann. Wenn Sie etwas vom Wind forttragen lassen möchten, ist auch klar, dass Sie sich damit nicht zu Hause vor den Ventilator stellen. Doch davon später mehr im Loslasskapitel. Letztlich sollten Sie sich am Ritualort stabil fühlen, und die Bedingungen und Energien sollten stimmen.

Wenn Sie wissen, was Ihre Absicht ist, wie Sie diese umsetzen möchten und das Umfeld darauf abgestimmt haben, bereiten Sie alles vor. Das bedeutet zuallererst natürlich den Raum selbst.

Der »Tempel«

Das Schönste wäre natürlich ein eigener Tempel, also ein freier Raum, der nur für Rituale vorgesehen ist und der von seinen räumlichen und energetischen Voraussetzungen her immer vorbereitet und klar ist. Das ist ein Luxus, den ich mir als Ritualmeisterin natürlich leiste. Schließlich brauche ich einen solchen Raum ja auch für meine Arbeit. Aber selbstverständlich ist auch ohne einen speziellen Ritualraum schönes und befriedigendes Agieren möglich. Sie können zum Beispiel für Ihr Ritual zu Ihrer täglichen Sammlung eine Art kleinen Altar mit allen nötigen Utensilien darauf aufbauen und ihn entweder mit einem Tuch schützend bedecken oder in einem verschließbaren Schränkchen unterbringen. Störendes im Umfeld lässt sich gut mit Tüchern und Decken oder mit Paravents ausgrenzen, oder Sie können sich sogar einen klar begrenzten Ritualbereich damit schaffen. Ein spezieller Teppich oder eine ausgebreitete Decke kann einen Raum definieren. Sie können auch mit einem schönen Band eine Umrandung festlegen. Für romantische Paarrituale habe ich auch schon einen sehr liebevoll wirkenden Bereich geschaffen durch eine Umrandung aus ausgelegten Rosen. Das geht auch gut im Außenbereich. Dort können Sie ebenfalls einfach Fixpunkte markieren durch in den Boden gesteckte Hölzer, die Sie zudem passend gestalten können. Draußen kann man gut einen Steinkreis auslegen, der zudem einen zusätzlichen konkreten Schutz bietet. Ich habe für eigene Rituale meine speziellen Steine dafür, bei denen jeder seinen Platz für eine fest bestimmte Position hat.

Wenn Sie sich nicht mit einem ganzen Rucksack voller Steine abschleppen möchten, können Sie gut einen Kreis definieren, indem Sie etwas auf den Boden streuen. Benutzen Sie aber bitte nur etwas, das sich gut wieder entfernen lässt oder unschädlich und

Wer seinen Ritualraum jedes Mal neu aufbauen muss, hat dabei die Gelegenheit, sich gleich tief in sein Thema zu versenken.

unauffällig wieder in der Natur aufgeht. Das könnte Sand sein, wo es passt. Mehl hebt sich während des Rituals deutlich vom Untergrund ab, auch in der Dunkelheit, und stellt zugleich als ein Nahrungsgeschenk eine kleine Gabe dar. Ich bevorzuge dabei hiesiges Getreidemehl. Versäumen Sie nicht, einen Eingang zu definieren, durch den Sie nach dem Erklären Ihrer Bereitschaft eintreten, den Sie dann verschließen und nach Ritualende wieder öffnen.

Die Reinigung

Um sich und den Ritualort vorab zu klären, benötigen Sie Wasser, am besten Salzwasser, um alles damit symbolisch reinigend zu besprengen oder um sich damit symbolisch zu benetzen. Oder Sie brauchen eine feuersichere Ausrüstung zum reinigenden Räuchern, seien es Räucherstäbchen oder eine feuerfeste Schale, Räucherwerk und etwas zum Fächeln. Dazu können Sie eine kräftige Feder oder einfach einen Fächer benutzen.

Regelmäßiges Räuchern allein kann ein zentrierendes Ritual sein — ob zu Hause oder in den Arbeitsräumen.

Reinigendes Räuchern

Am häufigsten wird mit Salbei geräuchert — wegen seiner stark reinigenden und klärenden Wirkung. Zum Thema Räuchern gibt es viel Überliefertes anzumerken, doch auch damit arbeiten letztlich Sie persönlich. Was hilft es Ihnen, wenn das Räucherwerk gemäß Überlieferung perfekt ist, bei Ihnen aber nur Unbehagen und Hustenreiz auslöst? Wählen Sie also aus, was Ihnen behagt. Beim Kauf sollten Sie nicht zu geizig sein und nur gute Ware wählen, sonst gibt es doch nur Qualm und Husten. Mögliche hiesige Kräuter wären zum Beispiel Salbei, Wacholder, Lavendel oder Beifuß. Denn Sie können die Kräuter natürlich auch selbst sammeln und trocknen. Auch dabei ist der wichtigste Aspekt die nötige Achtsamkeit. Also die Kräuter bitte nicht einfach achtlos und brutal herausrupfen! Das Sammeln gehört bereits zur Einstimmung. Schön ist, wenn Sie den Pflanzen zuvor kurz gedanklich erklären, wofür Sie sie brauchen, und um Erlaubnis bitten. Das Mindeste sollte aber sein, sich bei der Pflanze für ihre Gabe zu bedanken. Damit sind Ihre Kräuter mit viel übereinstimmender Energie aufgeladen. Ein gedachtes »Danke« zusammen mit einer angedeuteten Verbeugung in Form eines Kopfsenkens reicht dabei aus. Es sollte nur wirklich auch so gemeint sein. Die Räucherung selbst kann vorab als eigenes vorbereitendes, zentrierendes Ritual geschehen oder wird in den späteren eigentlichen Handlungsablauf integriert.

Fasten, Schwitzen, Baden

Vielleicht verspüren Sie auch den Wunsch, sich intensiver zu reinigen. Traditionell wurde vor großen Ritualen gefastet. Das reinigt den Körper und klärt den Geist, denn es werden keine schweren Schlackenstoffe mehr aufgenommen. Und es geht nicht die ganze Aufmerksamkeit und Kraft in die Essenswahl und in die Verdauung. Eine andere traditionelle Reinigung und Vorbereitung sind auch Schwitzhüttenrituale. Die können Sie nur unmöglich einfach so allein durchführen. Sie können aber vorbereitend in die Sauna gehen. Mit entsprechend gesetzter Absicht und dem festen Wunsch nach innerer Reinigung kann das eine gute Möglichkeit sein. Eine vorbereitende Waschung, eine Dusche oder gar ein Vollbad ist intimer und auch sehr wirkungsvoll. Für ein wirklich reinigendes Vollbad brauchen Sie anderthalb Kilogramm Meersalz. Liegen Sie eine halbe Stunde im warmen Salzwasser und lassen Sie, noch in der Wanne liegend, das Wasser danach mit der Intention abfließen, dass es alles Überflüssige und Störende mit von Ihnen nimmt.

Es funktioniert auch so herum: Wenn Sie sowieso in die Sauna gehen oder baden, machen Sie doch ein Reinigungsritual daraus!

SCHRITT FÜR SCHRITT

> ### Reinigung über Bewegungen oder Gedanken
>
> Wenn Sie — gerade bei einem kleineren Ritual — gar nichts dabei haben, können Sie sich auch mit einer Bewegungsübung reinigen. Dazu stehen Sie schulterbreit locker, heben mit dem Einatmen beide Arme mit nach unten weisenden Handflächen seitlich an bis in Brusthöhe, mit dem Ausatmen schwingen Sie mit beiden Armen vorn und hinten am Körper vorbei (eine Hand vorn, eine hinten) und seitlich über den Körper hinaus. So können Sie mit dem Ausatmen über die geöffneten Handflächen alles Notwendige abgeben.
>
> Ihren Raum können Sie in Ermangelung des nötigen Zubehörs auch geistig reinigen. Dazu schlage ich Folgendes vor: Gehen Sie gegen den Uhrzeigersinn um den bestimmten Raum herum und sagen oder denken Sie dabei sinngemäß: »Hiermit reinige ich diesen Raum. Ich befreie ihn von allem, von allen Energien, die mir und meinem Tun nicht wohlgesonnen und nicht zuträglich sind.« Dabei können Sie zusätzlich noch mit der rechten Hand an der Außengrenze Ihres Kreises greifende, alles einsammelnde Bewegungen machen und alles Eingesammelte in ein imaginiertes Feuer ableiten. Eine blaue Flamme ist am heißesten und daher am intensivsten.

Es besteht bei ritueller Arbeit die Übereinstimmung darüber, dass Bewegungen im Uhrzeigersinn, also in der Richtung des Sonnenlaufs, die Energie aufbauen und dass die Energien in Richtung gegen den Uhrzeigersinn abgebaut werden.

Die ordnende Vorbereitung

Spätestens nach der Reinigung bereiten Sie alle Bestandteile und Ritualgegenstände vor, reinigen und arrangieren alles auf für Sie stimmige Weise. Es kann hilfreich sein, alles in der Reihenfolge, in der Sie die Objekte während des Rituals brauchen, anzuordnen. So haben Sie gleich eine Orientierungshilfe, damit

Sie während Ihrer intensiven Versenkung ins Ritual oder auch vor eventueller Aufregung nicht durcheinanderkommen. Ordnen Sie einfach alles so an, dass Sie während Ihres Rituals gut damit arbeiten können und Sie nicht aus Ihrer Versenkung gerissen werden.

Gegenstände und Utensilien

Wie wunderbar Ritualgegenstände auch sein mögen, verwenden Sie besser nur, was Sie wirklich brauchen, und nur das, womit Sie wirklich in Übereinstimmung sind. Als Basis brauchen Sie: Kerzen als Lichter, Räucherwerk und damit auch eine feuerfeste Schale zum Verbrennen, etwas zum Fächeln und Glocken oder Klangschalen. Alle Objekte sind letztlich Energie, die Sie halten können müssen. Es sollte also nicht zu viel werden. Und bringen Sie dabei besser keine Gottheiten, Wesenheiten oder Kulturkreise ins Geschehen, mit denen Sie eigentlich nichts verbindet. Nur das, was Ihnen wirklich vertraut ist, kann Sie auch unterstützen bei Ihrem Tun.

In dem biografischen Film über Tina Turner wurde deutlich, dass sie damit begonnen hatte, auf gleichbleibende Weise Räucherstäbchen anzuzünden, ein Glöckchen zu läuten und buddhistische Mantras aufzusagen. Dieses regelmäßige Zentrierungsritual hat ihr die Kraft gegeben, sich von ihrem gewalttätigen Mann zu lösen und ihr Leben in die Hand zu nehmen.

> **Ordnung, die Sie trägt**
>
> Die Ordnung, die Sie in dieser Phase aufbauen, ist die Ordnung, die Sie durch Ihr Ritual trägt. Was Sie dabei aufbauen, ist eine wertvolle Bewusstseinshilfe. Es ist Ihr Raum, Ihr manifestiertes Netz, das Sie hält und unterstützt. Dabei geht es nicht darum, dass da etwas nett aussieht, sondern es sollte Ihre Absicht und Ihre Struktur repräsentieren. Und es hilft Ihnen, sich weiter einzustimmen und sich für Ihr bevorstehendes Ritual zu zentrieren.

Schritt für Schritt

Ob Sie alles auf einem Altar arrangieren oder auf einem separaten Tisch, liegt ganz in Ihrem Empfinden. Vielleicht mögen Sie auch etwas, das für Ihre Ritualthematik steht, im Zentrum platzieren. Dort kann es die Energie für Sie halten und ist zentral in den Ablauf einbezogen.

Was Sie konkret immer brauchen, ist etwas, womit Sie Anfang und Ende signalisieren: Glocken oder Klangschalen. Sie können auch ein immer gleiches Lied singen. Gut ist, wenn das wirklich gleichbleibend ist, damit es als Automatismus funktioniert.

Die Gewandung

Wenn Sie Schärpen haben, die mit unterschiedlichen Symbolen versehen sind, können Sie sich auch damit gezielt einstimmen auf Ihr jeweiliges Ritualthema.

Vor dem Eintreten in Ihren Ritualbereich ist es empfehlenswert, wenn Sie eine andere oder sogar spezielle Garderobe anlegen, die Sie nur während des Rituals tragen. Das kann ein kompletter Überwurf, ein Talar oder Kaftan sein. Der gibt Ihnen eine ganz andere Erscheinung und bringt auch automatisch eine veränderte Haltung und Bewegungsweise mit sich. In einem langen Gewand mit weiten Ärmeln muss man sich einfach anders, nämlich langsamer und achtsamer bewegen. Eine Stola oder Schärpe, um den Nacken gelegt, gibt ebenfalls, wenn auch in geringerem Maße das Gefühl des Umhüllt-Seins. Ein Gürtel oder ein Tuch, um die Taille gebunden, kann Ihren Halt in der Körpermitte festigen und stärkt so Ihr Gleichgewicht und Ihre Zentriertheit. Ein Stirnband lenkt die Aufmerksamkeit vermehrt auf das Dritte Auge und fördert durch die konstant gefühlte Berührung Ihre Konzentration. Dieses Dritte Auge wird auch Stirnchakra genannt. Es ist ein Energiezentrum mittig etwas über den Augenbrauen und wird mit der Befähigung zu Vision und Vorstellungsvermögen in Verbindung gebracht.

Eine Veränderung der äußeren Umhüllung ist auf jeden Fall hilfreich. Damit können Sie wirklich deutlich die sogenannte Alltagswirklichkeit ablegen und in ein anderes Sein schlüpfen. Ein besonders reserviertes »Ausgehkleid« kann Sie ja auch umgehend in eine besondere Stimmung versetzen. Mit der Änderung des Außen wandelt sich auch das Innen. Gut ist, wenn das Kleidungsstück ausdrücklich für Ritualzwecke reserviert ist. Das verstärkt die Konzentration auf sich selbst, die Hinwendung zum Besonderen und damit den Effekt der Wandlung.

Das eigentliche Ritual

Wenn Sie dann den Ritualraum, den Ritualinhalt und -aufbau und sich selbst soweit vorbereitet haben, können Sie mit dem eigentlichen Ritualkern beginnen. Ich werde Ihnen jetzt in aller Ausführlichkeit den Ablauf eines Rituals beschreiben. Bedenken Sie dabei bitte, dass das alles beispielgebende Anregungen und Formulierungen für Sie sein sollen. Im einführenden Kapitel des Buches haben Sie dazu bereits ausdrücklich vergleichende Verweise zu anderen, Ihnen sicher bereits bekannten Ritualformen gefunden. So wird deutlich: Die Struktur von Ritualen ist grundsätzlich die gleiche. Die einzelnen Komponenten variieren. Sie sind letztlich Sache der Vereinbarung und Übereinkunft innerhalb der mit Ritualen arbeitenden Gruppierungen. Denn wenn man miteinander in einer Gruppe ein Ritual ausführen möchte, muss man sich auf eine Aussage und damit auf übereinstimmende Komponenten einigen.

Ich stelle Ihnen hier Möglichkeiten vor, mit denen Sie für sich als Einzelperson ein Ritual durchführen können. Die Vereinbarung haben Sie dann also nur mit sich und können sie selbstverständlich mit der Zeit auch an sich und Ihre Vorlieben anpassen. Das Ritual soll ja schließlich für Sie funktionieren.

Ihr Ritual muss in all seinen Details für Sie selbst stimmig und richtig sein, dann kann es auch wirken.

SCHRITT FÜR SCHRITT

Den Raum betreten

Ihr Ritualraum sollte, wenn Sie einen Eingang definiert haben, durch diesen betreten werden. Sie treten damit aus dem alltäglichen Sein heraus und in den rituellen Raum hinein. Damit machen Sie den ersten Schritt in das Ritual selbst. Je deutlicher Sie diesen Übergang markieren, desto leichter fällt es Ihnen, in das Ritual einzutreten und sich darin mit ganzer wirkkräftiger Intensität zu versenken.

Vielleicht reicht es Ihnen, einfach eine Position des Eingangs für sich zu definieren. Sie können den Eingang aber auch tatsächlich markieren. Dann haben Sie zusätzlich die Möglichkeit, den Eingang nach Betreten Ihres Raumes auch zu verschließen. Wenn Sie zum Beispiel Ihren Ritualbereich durch ein Band markiert haben, können Sie den Kreis tatsächlich für das Ritual schließen. Der Eingang sollte möglichst so platziert sein, dass Sie ungehindert passieren können und bestenfalls nicht sofort neben Ihrem Altar

Wegen dieser wichtigen Trennung von profanem und rituellem Raum spreche ich mich bei meinen öffentlichen Ritualabenden stets gegen die ins Ritual mitgebrachten Handtaschen mit ihrer ganzen Alltagswirklichkeit aus.

Geh-Meditation

Eine Geh-Meditation besteht im Ritual einfach darin, dass Sie zunächst eine oder besser mehrere Runden bedächtig gehen. Machen Sie das im Uhrzeigersinn, so bauen Sie die Energie auf statt ab. Machen Sie gleichbleibende Schritte in einem ruhigen Tempo. Die Bewegung baut Spannung und Aufregung ab. Durch das ruhige Schreiten beruhigt sich auch Ihr Geist, Sie können sich besser konzentrieren und zentrieren. Stellen Sie sich gern dabei vor, wie Sie Ihre Alltagsunruhe hinter sich lassen. Sie können auch Ihre Ritualabsicht oder eine Bitte als gleichbleibende Wortformel wiederholend murmeln.

ankommen. Dadurch gewinnen Sie Zeit zum Ankommen und können sich auf dem Weg zu Ihrem Altar noch sammeln. Zum Verstärken Ihrer Zentrierung können Sie auch eine Geh-Meditation machen.

Eine weitere Möglichkeit besteht darin, dass Sie beim Eintreten die reinigende Räucherung vornehmen. Die Reinigung ist so als ein Akt der Weihung in das Ritual integriert und hilft Ihnen dadurch bei Ihrer Zentrierung und beim Aufbau der Gesamtenergie.

Eine Geh-Meditation wirkt auch mitten im Alltag entspannend, erdend und zentrierend.

Das Signal des Beginns

Bei Ihrem Altar angekommen, können Sie als Zeichen, dass dieser Raum jetzt belebt ist, Kerzen anzünden. Damit bekunden Sie auch, dass nachfolgendes Ritual im Licht, also in Helligkeit ausgeführt wird und auch nur dem Lichten dienen möge. Es empfiehlt sich überdies, ein eindeutiges Startsignal zu definieren. Profan gesagt entspricht das dem Startschuss beim Wettrennen, dem Anpfiff beim Fußballspiel oder dem Glöckchenläuten zur Weihnachtsbescherung. All das hat ja auch zeremonielle Strukturen. Es ist egal, ob Sie mit besagtem Glöckchen oder Zimbeln klingeln, einen Gong oder eine Klangschale anschlagen. Sie könnten auch selbst tönen. Von Vorteil ist dabei jedoch, wenn das Signal von außen auf Sie einwirkt und Ihnen selbst den Startimpuls gibt.

Damit wird es jetzt definitiv »ernst«. Ab jetzt gibt es kein Davor und kein Danach, kein »einkaufen muss ich auch noch«. Jetzt ist Ihre besondere Zeit. Ab jetzt halten Sie sich in Ihrem eigenen Interesse diszipliniert an Ihre festgelegte Ritualplanung und Reihenfolge. Sie konzentrieren sich ganz darauf und geben sich ganz dem hin. Das garantiert Ihnen einfach die größtmögliche Wirkkraft für Sie.

SCHRITT FÜR SCHRITT

Über die passenden Gesten ist Öffnung möglich, wie auch Konzentration.

Zentrierung und Teilnahmeerklärung

Diese beiden Punkte sind hier zusammengefasst, weil sich das anbietet. Klar ist, nur weil Sie jetzt Ihr Ritual offiziell begonnen haben, tut sich nicht plötzlich der Himmel auf, und es regnet Manna auf Sie herab. Das ist auch gut so, denn höchstwahrscheinlich ist Manna gar nicht unbedingt das, was Sie gerade für sich wünschen. Nach allem Vorab-Zentrieren ist jetzt der Moment gekommen. Sie konzentrieren sich ganz auf sich und Ihr Thema, auf das, was für Sie geschehen soll. Sprechen Sie jetzt wirklich laut Ihre Absicht aus, wie zum Beispiel: »Ich, Ihr Name ..., führe dieses Ritual durch, um Vergangenes des alten Jahres hinter mir zu lassen und so Raum zu schaffen für Neues«, oder: »Ich, ..., will mit diesem Ritual den Übergang in meinen nächsten Lebensabschnitt kraftvoll begehen.« Damit konzentrieren Sie Ihren inne-

ren Fokus ganz auf das, was geschehen soll. Sie machen damit den allerletzten und offiziellen Schritt aus dem Profanen in Ihr Ritual und in Ihre Mitte hinein.
Um Ihre Konzentration an dieser Stelle zu fördern, mögen Sie vielleicht eine zentrierende Haltung dabei einnehmen. Uns allen überliefert sind verschiedene Gebetshaltungen, die alle einen wirkkräftigen Kern gemeinsam haben. Ob die Hände gefaltet werden, ob die Hände aneinandergelegt werden, entweder entfernter vom Körper oder direkt vor dem Herzen. Eines ist allen diesen Gesten gemeinsam: Sie schließen einen Energiekreis.

Was im Ritual geschieht, soll für Sie geschehen. Deshalb sagen Sie auch Ihren Namen dabei. Das können Sie sich wie ein Passwort vorstellen, das in Ihrem Inneren und letztlich auch im Energiegefüge um Sie herum die notwendigen Tore öffnet.

Den Energiekreis schließen

Unsere Hände sind ein sehr energiereicher und leicht zugänglicher Ort unseres Körpers. Deshalb geschieht das Segnen und Heilen auch mit den Händen. Der energiereichste Ort dort ist im Zentrum der Handfläche. In der Akupunkturlehre ist er als Lao-Gong-Punkt bekannt, als »Punkt des Ausgießens«. Er wird auch »Ertrag der Arbeit« oder »Menschentor« genannt. Wenn Sie Ihre Hände im Abstand von ungefähr zehn Zentimetern zueinander halten, werden Sie diese Punkte und die Energiekonzentration dort spüren können. Bei Einnehmen der Gebetshaltungen werden genau diese besonders energiereichen Punkte aufeinandergelegt. Sofern Sie mit der Technik des Heilmagnetismus vertraut sind, wissen Sie, dass die rechte Körperseite und somit die rechte Hand positiv geladen sind und die linke Hand negativ. Die Plus- und Minuspole werden in den Gebetsgesten also zusammengeführt, der Energiekreis ist wirkkräftig geschlossen.

Schritt für Schritt

Der Kreis steht für das große Eine, für die vollkommene Harmonie und das Göttliche. Er gibt ein beruhigendes, beschütztes Gefühl und fördert Ihre Konzentration und Zentriertheit, durch die Sie leichter in die Verbindung mit dem Himmlischen und Transzendenten treten können.

Die Anrufung

Mit der Anrufung rufen wir uns Unterstützung zu Hilfe, damit wir nicht das Gefühl haben, mit unserem Anliegen ganz allein dazustehen. Wir laden die uns umgebenden Energien ein und reichen damit hinaus in die Transzendenz. Die besondere Kraft des Rituals besteht zum einen in der Wiederholung und bei jedem einzelnen Mal in jener besonderen Verbindung, die geschaffen wird. In Bezug auf Ihre Einladung möchte ich Ihnen nichts vorschreiben. Wenn Sie an dieser Stelle um die Unterstützung Gottes bitten möchten, dann machen Sie das. Es muss für Sie stimmen. Sie können auch ganz übergeordnet und allgemein die Kräfte des Himmels und der Erde rufen. Dann würde ich dies an Ihrer Stelle aber spezifizieren und die »wohlmeinenden« Kräfte des Himmels und der Erde rufen.

Schön ist, wie bereits beschrieben, die vier Elemente zu rufen. Denn sie sind ohnehin präsent, und mit ihnen arbeiten wir überdies im Ritual. Und die Elemente sind neutral. Wasser ist nicht gut oder böse, sondern einfach Wasser. Sicher, jedes Element hat vielfältige Aspekte. Laden Sie die Energien ein, derer Sie in der Situation bedürfen. Und bitten Sie mit der Anrufung um Unterstützung für Ihr konkretes Anliegen. Sie dient gleichzeitig als vertiefendes und Energie aufbauendes Fürbitte-Gebet. Sie versenken sich damit noch weiter in Ihre Intention, setzen dafür die nötigen Impulse und bauen die nötige Energie auf.

Bei einer Facebook-Einladung wenden Sie sich auch nicht an beliebig alle. Sie laden zu Ihrem Wohl nur diejenigen ein, mit denen Sie wirklich zusammen sein möchten.

Die räumliche Anordnung

Bei der Beschreibung der Elemente war ich bereits auf deren Anordnung in Bezug auf die Himmelsrichtungen eingegangen. Es ist Ihnen sicher aufgefallen, dass es dabei unterschiedliche Systeme gibt. Wenn diese einander in ihrer Anordnung auch widersprechen, sind sie doch in sich stimmig. Sie basieren einfach auf unterschiedlichen Traditionen und Vorstellungen. Dabei stehen sich bei einem System Feuer und Erde gegenüber als Repräsentanten von Großvater Sonne und Großmutter Erde. Das Feuer ist dann entweder im Osten, dem Ort der aufgehenden Sonne, oder im Süden, dem Ort der größten Mittagshitze angeordnet. Wenn Sie damit arbeiten, können Sie demnach Feuer, Wasser, Erde und Luft im Uhrzeigersinn nacheinander einladen. Oder es stehen sich als energetische Gegensatzpaare in ihrer einander ergänzenden Polarität Feuer und Wasser gegenüber und Luft und Erde. Dabei ist dann in der Regel das Feuer im Osten und Wasser entsprechend gegenüber im Westen. Die bewegte Luft ist im Süden und die dunkle Erde im dunklen Norden.

Die Entscheidung darüber, nach welchem System Sie arbeiten, kann und will ich Ihnen nicht abnehmen. Sie können sich bei der Anrufung in Ihrem Ritualkreis zu den Positionen hin bewegen oder sich auf der Stelle entsprechend ausrichten. Wenn Sie das alles mit den Himmelsrichtungen verwirrt und Sie sich für kein System entscheiden können, laden Sie die Kräfte einfach von Ihrem Altar aus ungeachtet der Richtungen ein. Das ist klarer, als wenn Sie sich in Unsicherheiten hineinbegeben. Eine gebräuchliche Reihenfolge ist dabei: Feuer, Wasser, Erde und Luft. Erbitten Sie passend zu den Elementen alle Aspekte, die Ihnen für Ihr Ritualthema wichtig sind. Eine solche Anrufung könnte folgendermaßen klingen:

Unterschiedliche Zuordnungen sollten uns nicht verwirren. Sie zeigen einfach, dass es viele Wege gibt, große Zusammenhänge stimmig darzustellen — und dass Sie Ihren eigenen finden können.

Schritt für Schritt

Anrufung der Kräfte

Kraft des Feuers, Kraft der Sonne, ich rufe dich, ich lade dich ein! Ich bitte dich zu mir in meinen Kreis. Sei hier mit mir und unterstütze mich bei meinem Ritual. Hilf mir bitte mit deiner Kraft der Bereinigung und Umwandlung, mich zu befreien von allem, was nicht mehr zu mir gehört. Kraft des Feuers, ich bitte dich! Stärke meine Lebenskraft und meine Leidenschaft bei meinem Tun. Kraft der Sonne, Kraft des Lichts, ich bitte dich! Sende mir die nötigen Funken der Inspiration, damit ich meinen richtigen Weg erkenne und damit dein leitendes Licht mich lenke auf meinem weiteren Weg.

Kraft des Wassers, ich rufe dich, ich lade dich ein! Ich bitte dich zu mir in meinen Kreis. Sei hier mit mir und unterstütze mich bei meinem Ritual. Ich lade deine große Kraft der Reinigung zu mir ein, nimm fort von mir, was mich erstarrt hält. Ich bitte dich, hilf mir, beweglich zu sein, und hilf mir, im Fluss zu sein. Hilf mir bitte, in Verbindung mit meinen Emotionen zu sein und diese in ausgeglichener Balance zu halten. Lehre mich deine beständige und sanfte und doch starke Kraft.

Kraft der Erde, ich rufe dich, ich lade dich ein! Ich bitte dich zu mir in meinen Kreis. Sei hier mit mir und unterstütze mich bei meinem Ritual. Ich lade deine große Schaffenskraft zu mir ein. Stärke meine Kreativität, hilf mir, ins Handeln zu kommen und konkret zu werden. Hilf mir, meine Visionen auf die Erde zu bringen, sie wachzutanzen und zu manifestieren. Lass mich stark und gesund sein in meinem Körper und in meinem Tun. Und hilf mir dabei, sicher, geerdet und stabil zu sein.

DIE ELEMENTE HINZUBITTEN

> Kraft der Luft, Kraft der Winde, ich rufe dich, ich lade dich ein! Ich bitte dich zu mir in meinen Kreis. Sei hier mit mir und unterstütze mich bei meinem Ritual. Du klare Luft, hilf mir, auch in meinem Denken geistig ganz klar und frisch zu sein. Hilf mir bitte mit der Kraft deiner Beweglichkeit und deiner Leichtigkeit. Kraft des Windes, der alles vorantreibt und allem eine Richtung gibt, gib auch mir die Orientierung und Ausrichtung, die ich brauche. Unterstütze mich bitte mit klarem Rückenwind. Seid hier mit mir, bitte! Ich danke euch!

Sich dem Größeren öffnen

Wir hatten bereits gesagt, dass wir in einem Ritual mit transzendenten Kräften und Energien umgehen und mit den Kräften und Potenzialen des Unbewussten. Deshalb sollten wir beim Rufen der Kräfte mit ganzer Hingabe den Impuls unserer Absicht setzen. Währenddessen jedoch und danach sollten wir uns wirklich bemühen, mit unserem Ego zurückzutreten. Damit machen wir den Platz frei für die Wirkmöglichkeiten dieser Kräfte. Wenn wir an dieser Stelle das Geschehen zu sehr und zu krampfhaft forcieren, blockieren wir nur den Fluss der Energien und den Gang der Dinge. Wir bleiben dann zu sehr in unserem Ich gefangen und versperren die Öffnung und Verbindung zu unserem reichhaltigen Unbewussten und zu den Wirkkräften um uns herum.

Wer große Kräfte einlädt, sollte sich auch bewusst für ihr Wirken öffnen und neugierig achtsam zulassen, was durch ihren Einfluss geschieht. Die Absicht setzt auch dafür den Rahmen.

Der Kernteil

Damit sind Sie im Zentrum des Rituals angelangt. Hier können Sie den Teil des Ablaufs einfügen, der für Ihr Thema und Ihre Intention wichtig ist.

SCHRITT FÜR SCHRITT

Rituale können für uns bei vielem eine große Hilfe und Unterstützung sein. Sie unterstützen uns dabei, wieder bei uns anzukommen und in Verbindung mit uns zu treten, zur Ruhe zu kommen und abzuschalten. Mit Ritualen gelingt es uns, unser Leben klarer zu rhythmisieren, uns von Vergangenem und Unliebsamem zu lösen, heilsame Abschiede und Trennungen zuzulassen und bewusste, klare und bejahende Übergänge zu vollziehen. Sie helfen uns dabei, das Bestehende wahrzunehmen und zu würdigen und überhaupt das Leben bewusst und freudvoll zu erleben.

Je sicherer Sie im grundlegenden Ablauf geworden sind, umso mehr Freude werden Ihnen Ihre Rituale machen.

Zwischen Disziplin und Hingabe

In einem einmal definierten Ritualablauf sollte immer die Balance zwischen Disziplin und Hingabe stimmen. Die Reihenfolge ist entscheidend, deren Einhalten darf Sie nur nicht in Ihrem Kopf fixiert halten. Wesentlich ist, dass Sie es schaffen, in Ihrer Sammlung und Zentrierung zu bleiben. Halten Sie den Kontakt zu den Energien aufrecht, die Sie jetzt umgeben, und bleiben Sie in innerer und liebevoller Verbindung mit sich und mit Ihrem Tun.

Bei üblichen Hochzeiten ist meist der gesamte Inhalt und Ablauf zuvor akribisch genau abgesprochen. Das Brautpaar ist dann merklich mit dem ständigen Abgleichen des Ritualverlaufs beschäftigt. Es kommt dadurch gar nicht aus dem kontrollierenden Kopfgeschehen heraus und kann sich leider nur eingeschränkt auf die eigentliche Wirkkraft einlassen. Aus diesem Grund bemühe ich mich bei Ritualen, die ich für jemanden durchführe, stets darum, dass noch überraschende Elemente enthalten sind.

Kreatives Gestalten

Im bisherigen Verlauf des Buches wurden Ihnen frei von Dogmen die Grundzüge und Wirkungsweisen eines funktionierenden Rituals beschrieben. Die in verschiedenen Kulturen und Wegen ähnlich vorkommenden und gleichermaßen wirkungsvollen Komponenten können Sie als »Perlen« für sich nutzen.

In den folgenden Kapiteln zu einzelnen Ritualthemen werden Ihnen die Kernmotive der jeweiligen Lebensumstände und mithin Ritualinhalte vorgestellt. Sie finden dazu einstimmende inhaltliche Hinweise und anregende Beschreibungen. Damit verbunden ist die Schilderung der jeweiligen Intention oder Absicht, die Sie ja schon als Basis eines wirkkräftigen Rituals kennen. Als Anleitung oder Anregung für Ihr eigenes Tun wird Ihnen beispielhaft ein mögliches Ritual zur jeweiligen Thematik geschildert. Den hier beschriebenen Schritt-für-Schritt-Rahmen passen Sie dann Ihrem Thema an, besonders was die Ausstattung, die Ausführlichkeit und die einstimmende Anrufung betrifft.

Sonderrolle Bindungs- oder Trennungsrituale

Häufiger Beweggrund für die Bitte an mich nach einem Ritual ist der Wunsch nach Verbindung von Paaren oder umgekehrt nach Trennung. Ein Ritual ist intensive Energiearbeit. Besonders bei Verbindungen und Trennungen werden wirklich Verbindungen geknüpft beziehungsweise gelöst. Deshalb beschreibe ich solche Rituale in diesem Buch nicht, weil sie sich nicht gut zur Selbstdurchführung eignen. Als Teil einer Verbindung können Sie diese nur schwer zugleich von außen herstellen oder lösen. Ebenso ist es schwer für Sie und Ihren Partner, wenn Sie Teilnehmende sind und zugleich Anleitende. Dadurch entsteht ein Ungleichgewicht. Gerade bei Trennungen ist es wichtig, dass von außen ein klarer Rahmen gesteckt wird.

Auch ein Verabschieden und Loslassen kann unter Umständen zu schmerzhaft sein, um ein solches Ritual allein durchzuführen. Dann ist ein von einer Ritualleiterin gebildeter, behutsamer und schützender Raum ein hilfreicher Halt.

SCHRITT FÜR SCHRITT

Dank und Verabschiedung

Kraft der Luft, Kraft der Winde, ich danke dir, dass du bei mir warst in meinem Kreis und mich unterstützt hast bei meinem Ritual. Ich danke dir, Luft, dass du mein Denken geklärt hast. Danke, dass du mir mit der Kraft deiner Beweglichkeit und deiner Leichtigkeit geholfen hast. Ich danke dir für die Orientierung und Ausrichtung.

Kraft der Erde, ich danke dir, dass du bei mir warst in meinem Kreis und mich unterstützt hast bei meinem Ritual. Ich danke dir, dass du mit deiner großen Schaffenskraft meine Kreativität gestärkt und mir geholfen hast, ins Handeln zu kommen und konkret zu werden. Danke, dass du mich dabei unterstützt hast, stark und geerdet zu sein.

Kraft des Wassers, ich danke dir, dass du bei mir warst in meinem Kreis und mich unterstützt hast bei meinem Ritual. Ich danke dir für deine Kraft der Reinigung. Danke, dass du mir geholfen hast, beweglich und im Fluss zu sein, in Verbindung mit meinen Emotionen.

Kraft des Feuers, Kraft der Sonne, ich danke dir, dass du bei mir warst in meinem Kreis und mich unterstützt hast bei meinem Ritual. Danke, dass du mir mit deiner großen Kraft der Umwandlung geholfen hast, mich zu befreien von allem, was nicht mehr zu mir gehörte. Ich danke dir dafür, dass du meine Lebenskraft und meine Leidenschaft spürbar gestärkt hast. Ich danke für die Funken der Inspiration als ein leitendes Licht auf meinem Weg.

Ich danke euch, ihr Kräfte, und entlasse euch in Frieden!

Der Dank und die Verabschiedung der Kräfte

Nachdem im Ritualkern so viel geschehen ist, empfiehlt es sich, abschließend alles noch mal Revue passieren zu lassen. Ein ausgesprochener Dank für alles Erlebte fasst rückblickend das Geschehene bewusst zusammen und hilft Ihnen, alles wirklich annehmen und verankern zu können. Verbunden mit diesem Dank ist das Verabschieden der Kräfte. Was Sie einmal zu sich gerufen haben, können Sie ja nicht einfach so stehen lassen. Einmal eingeladene Gäste verabschieden Sie auch am Ende freundlich dankend.
Da die Übereinkunft besteht, dass Bewegungen und Abläufe im Uhrzeigersinn die Energie aufbauen und gegen den Uhrzeigersinn die Energie abbauen, empfiehlt es sich, die Kräfte in umgekehrter Reihenfolge zu verabschieden. Dabei gehen Sie ansonsten ähnlich vor wie beim Einladen.

Im Ausklingenlassen und im Rückblick wird uns oftmals erst bewusst, was alles an Wertvollem geschehen ist. Das ist auch bei Ritualen häufig der Fall. Die Zeit danach ist also ebenfalls wichtig.

Die Zentrierung lösen

Ihnen ist sicher aufgefallen, dass bestimmte Elemente Sie in das Ritual hineinführen und die gleichen Elemente in abgewandelter Form Sie wieder hinausführen. Das ist auch notwendig, denn Sie wollen sicher nicht auf Dauer in dem rituellen Zustand bleiben. So angenehm sich das auch anfühlen mag, müssen Sie doch wieder ganz zurückkehren. Ganz praktisch benannt: Es kann sonst Ihr Reaktionsvermögen beeinträchtigt sein. Und Sie wollen ja auch nicht statisch im Ritual gebunden bleiben. Sie haben das Ritual für ein Anliegen in Ihrem Leben durchgeführt. Jetzt möchten Sie mit den Geschenken, die dafür nun in Ihrem Unbewussten und Bewussten verankert sind, gestärkt zurückkehren und wieder komplett und geerdet in Ihrem Leben stehen. Dazu müssen Sie Ihre Zentrierung und Fokussierung auf Ihr Ritualziel wieder lösen.

Schritt für Schritt

Versäumen Sie dies, kann es im einfachsten Fall sein, dass der Prozess noch die ganze Nacht in Ihnen weiterarbeitet und Sie keinen Schlaf finden. Es kann auch sein, dass Sie noch mehrere Tage in dem Prozess bleiben und nicht wirklich in Ihrer nötigen Alltagspräsenz sein können. Eine solch unklare Situation ersparen Sie sich besser.

Bewusstes Abschließen

Statt des Erklärens der Teilnahme sprechen Sie nun noch einmal allgemein Ihren Dank aus. Schön ist, wenn Sie dabei gleich versuchen zu benennen, was für Sie geschehen ist und wofür Sie konkret danken. Das bringt alles für Sie aus dem Unbewussten in die bewusste Ebene, wo es für Sie fassbarer ist. Das Aussprechen bringt das Erlebte auch ein Stück weit aus dem intensiven Verflochten-Sein nach außen. Damit lösen Sie sich wieder aus der Zentrierung. Wenn Sie dabei wieder Ihre Gebetsposition einnehmen möchten, empfehle ich, den zentrierenden Zusammenschluss der Hände im Verlauf der Danksagung zu lösen. Sie öffnen also Ihre Hände und richten die Handflächen zusammen mit Ihrer Aufmerksamkeit wieder nach außen. Ihre Augen halten Sie dabei geöffnet.

Die Kraft der Worte wird auch am Ende des Rituals spürbar, wenn Sie sich aus dem Kreis verabschieden, um erneuert, gestärkt oder auch erleichtert in den Alltag zurückzukehren.

Hier wieder die beiden Beispiele in allgemein gehaltener Form: »Ich, …, danke dafür, dass ich mit diesem Ritual Vergangenes des alten Jahres hinter mir lassen und so Raum für Neues schaffen konnte«, oder: »Ich, …, danke dafür, dass ich mit diesem Ritual den Übergang in meinen nächsten Lebensabschnitt kraftvoll begehen konnte.« Damit setzten Sie den notwendigen Schlusspunkt an dieser Stelle. Der inhaltliche Ritualteil ist abgeschlossen. Und seien Sie unbesorgt, die Resultate Ihres Rituals nehmen Sie natürlich mit, sie wirken noch weiter fort.

SCHLUSSSIGNALE

Tibetische Klangschalen oder auch Zimbeln geben mit ihrem schönen Klang ein passendes Start- und Schlusszeichen und damit den Rahmen für ein Ritual.

Das Signal des Endes

Nun ganz am Ende angekommen führen Sie die Signale des Beginns in umgekehrter Reihenfolge wieder durch. Also klingeln Sie wieder mit Ihrem Glöckchen oder mit Ihren Zimbeln, schlagen wieder Ihren Gong oder eine Klangschale an. Das entspricht dann, wieder profan gesagt, dem eindeutigen Schlusspfiff beim Fußball. Abschließend löschen Sie die Kerzen wieder. Unterstützend können Sie währenddessen auch aussprechen, dass das Ritual hiermit beendet ist.

Den Raum verlassen

Nach diesem Abschluss fangen Sie natürlich nicht sofort an, herumzuräumen. Sie verlassen auch äußerlich erst Ihren rituellen Raum, und zwar durch Ihren definierten Ein- und Ausgang. Manche gehen dabei auch gegen den Uhrzeigersinn, um die Energie

Schritt für Schritt

wieder abzubauen. Wichtig ist, dass Sie dabei ganz bewusst und ausdrücklich wieder eintreten in Ihre Alltagswirklichkeit. Dort angekommen legen Sie am besten als weiteres deutliches Zeichen Ihr Gewand achtsam wieder ab und schlüpfen in Ihre gewohnte Alltagskleidung.

Die Nachbereitung

Auch nach Ihrer vollständigen Rückkehr empfehle ich Ihnen, sich nicht sofort im Räumen zu verlieren. Vielleicht mögen Sie sich zunächst einmal setzen und ein Glas Wasser oder Tee trinken. Damit kommen Sie zur Ruhe und spüren Ihren Körper wieder ganz bewusst in Ihrer normalen Realität. Wichtige Erkenntnisse, Erlebnisse und Impulse aus dem Ritual können Sie dabei würdigend notieren. Nehmen Sie dabei möglichst alles einfach wertfrei an

Wie Ihnen die Vorschläge in den folgenden Kapiteln zeigen werden, sind Rituale auch in diesem gegebenen Rahmen nicht immer aufwendig, sondern passen sehr gut in einen Alltag, den sie zudem unterstützen können und sollen.

Das Danach

Vielen Menschen hilft es, wenn sie schriftlich reflektieren, was gewesen ist, was sie erlebt haben und wie sie sich gefühlt haben, was sich verändert hat. Um das für sich zu erfahren, können Sie sich nach dem Ritual Notizen machen, sich vielleicht sogar ein hübsches Tagebuch oder Ritualheft dafür anlegen, in dem Sie fortan stets etwas zu Ihren Ritualen aufschreiben. Das könnte Sie auch dazu anregen, in den Tagen danach immer mal wieder zu überprüfen, wo Sie mit dem Thema stehen und wie es sich bereits gewandelt hat. Das Vorhaben, solche Veränderungen schriftlich festzuhalten, macht sie oftmals überhaupt erst bewusst.

und hüten Sie sich um Ihretwillen davor, das Geschehene zu Zer-Analysieren. Betrachten Sie alles Erlebte einfach als Geschenk an Sie, auch wenn Sie nicht gleich alles verstehen.

Das reflektierende Aufräumen

Erst wenn Sie sich wieder ganz gefestigt fühlen, räumen Sie achtsam auf. Die Phase des Aufräumens können Sie gut zur reflektierenden Betrachtung des Rituals nutzen. Während Sie die einzelnen Ritualgegenstände und Objekte zurücklegen, kommen Sie ohnehin gedanklich noch mal mit den einzelnen Abschnitten des Ablaufes in Verbindung. Dabei können Sie sich leicht zurückrufen, ob Sie zwischendurch unkonzentriert oder ob Sie hinreichend zentriert waren. Ob alles so abgelaufen ist, wie Sie es sich erhofft hatten. Ob der Ablauf für Sie so stimmig und harmonisch war. Ob die Energien so waren, wie Sie es sich vorgestellt hatten.

Da ein Ritual etwas Wiederkehrendes ist, lohnt sich das auf jeden Fall. Gerade wenn Sie dann bereits erfahrener sind mit der Durchführung von Ritualen, können Sie die Wirkung vergleichend einschätzen und verspüren vielleicht den Wunsch, einzelne Details auf Ihr Empfinden hin zu modifizieren. So kann Ihr Ritual beim nächsten Mal noch intensiver und wirkkräftiger für Sie sein. Und so bleibt Ihre Ritualpraxis lebendig und wirklich Ihre.

> Vielen meiner regelmäßigen Ritualteilnehmer kommen im Alltag zunehmend Ideen für wirkkräftige Zeremonien.

Würdigen, was da ist

Tief in Ihrem Inneren wissen Sie selbst, dass die Wahrnehmung und Bewertung der Realität subjektiv ist. Angenehm erfüllte Zeiträume erscheinen ganz kurz, unangenehm oder wartend verbrachte Zeiten erscheinen unendlich lang. Ein Nieselregen, den wir mal entsetzlich finden, erscheint beim romantischen Spaziergang mit einer neuen Liebe belebend. Zu zweit eng unter einem Schirm zusammengedrängt empfinden wir den Regen auf spezielle Weise Nähe erzeugend.
Die Empfindung und Einschätzung der Wirklichkeit hängt von unseren eigenen Wahrnehmungsfiltern ab. Schwangere sehen plötzlich überall Schwangere. Schlecht gelaunten Menschen erscheint alles unfreundlich und negativ. Das ist das Phänomen, das sich hinter dem Begriff vom Gesetz der Resonanz verbirgt. Das ist der Zusammenhang, der als alte Weisheit in Sprüchen überliefert ist wie: »Gleich und Gleich gesellt sich gern« oder »Wie man in den Wald hineinruft, so schallt es heraus.« Denn wir reagieren nicht auf die Realität, sondern auf unsere persönliche Abbildung der Wirklichkeit.
Ebenso sind wir häufig so sehr in unserem Trott der Arbeits- und Alltagsroutinen verfangen, dass wir das Positive gar nicht mehr wahrnehmen. Es wird von einem Termin zum anderen gehetzt und von einem Projekt zum nächsten. Eine erledigte Aufgabe geht nahtlos in eine noch unerledigte über. Da ist es wichtig, überhaupt wahrzunehmen, was geschaffen wurde und geschafft ist. Da tut es gut, einmal innezuhalten und zu würdigen, was da ist. Wenn

Ab hier finden Sie eine Menge inspirierender Ritualvorschläge, die Sie ausprobieren und natürlich auch kreativ abwandeln können.

Würdigen, was da ist

Sie den Erfolg einer bewältigten Aufgabe gar nicht mehr wahrnehmen und würdigen können, vermögen Sie daraus auch keine Zufriedenheit und Kraft für sich gewinnen. Dann laufen Sie bei allem Positiven, das eigentlich da ist, einfach leer.

Statt großartiger Motivationstrainings wäre es viel einfacher und effektiver, die Wahrnehmung zu schulen und Kraft aus den vorhandenen Ressourcen zu schöpfen. Statt aus ständigem Wechsel bei Events, Konsumgütern und in Beziehungen den dringend belebenden Kick ziehen zu müssen, ist es viel nährender zu würdigen, was da ist. Entsprechende Rituale schaffen den konzentrierten Freiraum, in dem ein Innehalten, ein Wahrnehmen und Würdigen möglich ist. Rituale bringen uns in Verbindung mit dem, was an Reichtum da ist und in uns ist. Und Rituale schaffen für uns die Stabilität, um all das zu halten.

Das Leben ist gut

Rituale der Würdigung können den Blick auf das Leben zum Positiven hin verändern.

Bei dieser Art von Ritual geht um die Wahrnehmung und Würdigung alles Guten in Ihrem Leben. Meist fällt es uns viel leichter, das Schlechte zu benennen und das, was wir nicht haben wollen. Mit diesen Ritualen richten wir den Fokus auf die nährenden, konstruktiven und positiven Aspekte. Wie wichtig das ist, merken Sie, wenn Sie aus dem Stand versuchen, zehn positive Eigenschaften, also zehn Stärken von sich zu nennen oder auch zehn Situationen des vergangenen Jahres, in denen Sie wirklich glücklich waren.

Rituale dieser Art können Sie einfach dann durchführen, wenn Sie das Bedürfnis danach haben. Der ideale Zeitpunkt ist weder ein Moment von extremem Himmelhochjauchzen noch von einem abgründigen Zu-Tode-Betrübt. Am besten ist ein regelmäßig wiederkehrender Zeitpunkt. Sie können sich damit wunderbar selbst zum Geburtstag beschenken. Im Jahreskreis eignet sich gut die sogenannte Zeit zwischen den Jahren dazu, eine dergestalt positive Bilanz zu ziehen.

Kreis des Lichts

Für eine schöne Möglichkeit des Rituals brauchen Sie einen runden Teppich oder eine rund ausgelegte Decke, eine große Kerze und viele Teelichter. Sie bereiten alles so vor, wie im allgemeinen Ablauf im Kapitel »Schritt für Schritt« beschrieben. Dann setzen Sie sich in Ihren Kreis und entzünden als Erstes die große Kerze im Zentrum als Ihr inneres Licht. An diesem Licht entzünden Sie die Teelichter für alles Gute in Ihnen und in Ihrem Leben. Sprechen Sie dabei aus, wofür das jeweilige Licht leuchtet. Besonders wohltuend ist auch, wenn Sie das als Dank formulieren.

Die Lichter platzieren Sie rings um sich herum, bis Sie schließlich von Ihrem eigenen vollkommenen Lichtkreis umgeben sind. Genießen Sie es ruhig, in der Fülle Ihres Lebens zu sein ... Abschließend können Sie die Kerzen wie bei einer Geburtstagstorte auspusten und sich dabei etwas wünschen. Dazu können Sie auch vorab aus Ihrem Lichtkreis heraustreten und ihn zuvor noch einmal in seiner ganzen Schönheit bewundern. Wenn Sie dann so von außen nach innen Ihre Teelichter ausblasen, lenken Sie damit die Energie zurück zu Ihrem zentralen Licht. Für dieses können Sie dann Ihre eigene stimmige Form finden. Sie können es beim abschließenden Danken und Verabschieden mit einbeziehen.

Vielleicht mögen Sie Ihr Kerzenlicht nach Beendigung des Rituals noch hinaus an einen ausgewählten Ort in Ihrem Lebensraum tragen.

Girlande der Lebensfülle

Eine weitere schöne Möglichkeit für ein würdigendes Ritual wäre ein Band, in das Sie stellvertretend Objekte hineinknüpfen. Dabei ergibt sich eine lineare Anordnung, Sie arbeiten also mit dem

Symbol einer Zeitlinie. Deshalb eignet sich diese Möglichkeit besonders dafür, das Positive innerhalb eines zeitlichen Verlaufs zu würdigen. Das farbige Band steht für einen zeitlichen Abschnitt Ihres Lebens. Wählen Sie daher die Farbe, die für Sie stimmig dafür ist. Setzt sich diese Zeitspanne eigentlich aus mehreren Abschnitten zusammen, können Sie im Verlauf des Rituals auch mehrere Bänder in unterschiedlichen Farben aneinanderknoten.

Dahinein können Sie stellvertretend für alles Schöne in dieser Zeitspanne Blumen knüpfen oder zuvor ausgewählte und vorbereitete symbolische Objekte. Meist öffnet sich während des Rituals für Sie der Zugang zu noch viel mehr, es wird Ihnen also noch viel mehr einfallen. Halten Sie sich daher weitere Objekte bereit. Schön sind auch farbige Zettel, die Sie im Ritual beschreiben, aufrollen und hineinknüpfen. Es ergibt sich dabei eine dauerhafte Girlande der Lebensfülle, die Sie sich als stärkenden Anker in Ihrem Lebensraum platzieren können.

> Es gibt die schöne Geschichte von dem Fisch, der mitten im Ozean das Meer sucht. Gut, wenn Sie das Offensichtliche wahrnehmen können, das Sie beständig umgibt.

Das schöne Miteinander

Aufgerieben zwischen Beruf, Kindern, Schulstress und Alltagstrott bleibt die Liebe leicht auf der Strecke. Der geschützte Raum eines Rituals hilft dabei, den Liebesmythos wieder zu reaktivieren, das Bestehende liebevoll wahrzunehmen und zu würdigen und das Miteinander freudvoll zu erleben. Damit es sich wieder so anfühlen kann wie beim ersten Mal. Es geht auch hier darum, das eigentlich Offensichtliche wieder zu sehen, den Partner, der immer mit uns ist. Es geht darum, würdigend zu benennen, was an Gutem und Gemeinsamem da ist. Es geht darum, wieder wirklich in Verbindung zu treten.

DIE LIEBE WÜRDIGEN

> **Nichts verdecken!**
> Sollte ein eventuell bestehender Konflikt noch nicht endgültig aufgelöst sein, versuchen Sie ihn bitte nicht mit diesen Ritualen zuzudecken. Sie wissen ja: Vor dem Ritual kommt die Reinigung und damit auch die Bereinigung. Eine Versöhnung sollte vorher erfolgt sein. Dafür empfiehlt sich unter Umständen auch ein professionell angeleitetes Versöhnungsritual.

Nicht selten greift ein Ritual in Lebensbereiche hinein, die man eigentlich gar nicht anschauen wollte. Ist der Prozess dann einmal in Gang gekommen, sind die Betroffenen dankbar und erleichtert.

Sie können solch ein Ritual gut ausführen, wenn Sie das Gefühl haben, mit Ihrer Liebe im Alltag unterzugehen. Sehr hilfreich ist es auch nach einer gemeinsam durchlebten und überstandenen Krise: nach überwundenen beruflichen Problemen, unter der die Beziehung mit gelitten hat, nach einer schweren Krankheit oder nach einem ausgesöhnten Konflikt. Und es sind natürlich schöne wiederkehrende Rituale für einen Jahrestag Ihres Miteinanders wie auch für Ihren Hochzeitstag.

Das unendliche Liebesfeuer

Bei diesem Ritual brauchen Sie wieder eine große Kerze, die für das Feuer Ihrer Liebe steht, und viele Teelichter. Setzen Sie sich einander gegenüber auf den Boden. Das Feuer Ihrer Liebe platzieren Sie etwas seitlich von sich, sodass Sie es beide gut erreichen können. An diesem Feuer entzünden Sie nun abwechselnd die Teelichter, sprechen dabei alles Positive Ihres Miteinanders aus und platzieren die Teelichter umeinander herum.

Beginnen Sie am besten damit, was Sie am anderen schätzen und was Sie ihm Gutes wünschen, und platzieren Sie diese Lichter hinter Ihrem Partner. So stärken Sie mit dem persönlich Positiven als Erstes einander den Rücken. Sie hüllen einander mit Anerkennung, Wärme und Licht ein. (Zudem vermeiden Sie bei solch einer Anordnung, über brennende Kerzen hinweggreifen zu müssen.) Danach benennen Sie alles, was Sie an Ihrem Miteinander schätzen, was Sie an Ihrem Miteinander gut finden, was Sie gern mit dem anderen machen, was Sie glücklich miteinander überstanden haben, wofür Sie dankbar sind, worauf Sie sich noch in der gemeinsamen Zukunft freuen. Machen Sie wieder pro Kerze eine positive Aussage. Formen Sie beim Platzieren der Lichter einen Kreis um Ihren Partner herum und beschenken Sie ihn so mit einem Kreis aus liebevollem Feuer aus Ihrer Hand. Ordnen Sie die Kreise so an, dass sie sich an einer Stelle berühren. Auf diese Weise bilden Sie eine liegende Acht um Sie beide herum. Diese liegende Acht, das Unendlichkeitszeichen, symbolisiert das unendliche Feuer Ihrer Liebe, Ihre Liebesenergie, die um Sie herum fließt und Ihr Miteinander nährt und lebendig hält. Während Sie das genießen, können Sie sich an den Händen fassen und mit Ihren Oberkörpern in Form einer liegenden Acht mitschwingen. Sie können das Ritual schön mit dem Auspusten der Kerzen und damit verbundenen ausgesprochenen guten Wünschen für Ihr Miteinander beschließen. Zuvor könnten Sie auch noch das folgende Ritual anschließen.

> In einem solchen Liebesritual kommen sich zwei Menschen so nah wie sonst nur selten.

Aus ganzem Herzen geben und nehmen

Für dieses Ritual brauchen Sie nur einander und eventuell einen Gegenstand, wie ein schönes Herz, das Sie gut zusammen halten und hin- und herreichen können. Das Ritual ist so einfach wie schwer zugleich. Es besteht zunächst nur darin, dass Sie einander in die Augen schauen, ohne etwas zu sagen. Denn, wie wir alle wissen, sagt ein Blick mehr als tausend Worte. Sie berühren ein-

DIE VERBUNDENHEIT FEIERN

ander nur mit Ihren Augen und mit Ihrem Gefühl, mit der Liebe, die in Ihnen ist. Denn die Augen sind das Tor zur Seele und zum Herzen, dem Ort, an dem die Liebe wohnt. So schauen Sie einige Minuten durch dieses Tor ineinander.

Dann schauen Sie weiter, verändern aber die Intention. Einer gibt mit seinen Blicken und einer nimmt. Das können Sie verdeutlichend unterstreichen, indem Sie den ausgewählten Gegenstand überreichen. Wenden Sie dabei aber nicht Ihren Blick von den Augen des anderen ab. Das eigentliche Geschehen findet dort statt. Die Geste soll nur verdeutlichen, wer gerade der Gebende und wer der Nehmende ist. So wechseln Sie nach eigenem Bedürfnis mehrfach hin und her. Spüren Sie in beides hinein. Was ist Ihnen vertrauter? Was ist Ihnen angenehmer? Genießen Sie beides.

Abschließend halten Sie beide das Herz, sehen einander erneut einige Minuten wie anfangs in die Augen und lösen sich dann voneinander. Halten Sie möglichst jeder für sich die Energie bis zum Ende des Rituals, ohne einander zu berühren. Sie wird dadurch noch intensiver.

Rituale sind tatsächlich eine Schule des Lebens, in der Sie sehr viel über sich selbst lernen und erfahren können.

Das Ende vollziehen

Sie kennen sicher auch solche Situationen, in denen Sie nach eigenem Erleben und vom Kopf her genau wussten, dass da etwas zu Ende geht oder sogar bereits vorbei ist. Nur hilft das verstandesmäßige Wissen in dem Moment leider wenig, um mit der Situation zurechtzukommen. Es bleibt ein Gefühl von Blockiert-Sein und Stagnation. Ein Ende geht immer mit Verlust einher, und Verlust verursacht Angst. Angst ist die existenziellste aller Emotionen. Nach der taoistischen Fünf-Elemente-Lehre ist die Angst der Wasser-Energie zugeordnet. Aus dem Wasser kommt alles Leben hervor, und im Winter, in der kalten Zeit des Wassers, geht alles zu Ende.

Angst hilft, uns und unser Leben zu sichern. Wir haben ein aus Urzeiten überliefertes Verhalten in Extremsituationen, wenn es also gilt, unser Leben zu schützen. Das Verhalten in solchen Momenten der Angst ist: Weglaufen, Kämpfen oder Totstellen. Dementsprechend reagieren wir auch heute so. Wir gehen in die Verdrängung, laufen also innerlich weg. Wir gehen nach außen in die Wut oder kämpfen im Inneren mit Selbstvorwürfen. Oder wir geraten wie tot in Lähmung und Erstarrung.

So können der Schreck und die Angst daran hindern, eine Situation anzunehmen, einen Verlust wahrzunehmen und zu akzeptieren. Wenn akzeptiert werden kann, dass etwas vergangen ist, kann es auch losgelassen werden. Ein Ritual bietet den notwendigen geschützten Rahmen, in dem Sie sich sicher fühlen dürfen und ein Loslassen wagen können. Denn ein Loslassen hilft aus

Ängste sind hilfreich. Nur wenn sie überhand nehmen, schränken sie uns ein. Dann sollten wir etwas unternehmen.

der Verdrängung und Erstarrung heraus. Es bringt wieder alles in Bewegung und schafft den nötigen Raum, in dem Neues und fortan Stimmiges entstehen kann.

Loslassen, was vergangen ist

Beim Heranwachsen eines Kindes gibt es für die Eltern immer wieder notwendige Ablösemomente. Die deutlichsten sind dabei: das Abstillen, die Einschulung, die Pubertät und das Ausziehen der Kinder.

Vergangenes ablösen zu können ist wichtig. Sie wissen es sicher selbst: Es gibt kaum etwas Kraftraubenderes als eine blockierte und unklare Situation. Erst wenn Sie sich von Altem getrennt haben, kann etwas Neues in Ihr Leben kommen. Man sagt nicht umsonst, dass sich dann eine Tür öffnet, wenn zuvor eine andere geschlossen wurde. Das Leben ist ein ständiges Loslassen. Wir können auch erst wieder einatmen, wenn wir ausgeatmet haben. Erst wenn Sie den Raum in sich dafür geschaffen haben, ist Platz da für Neues in Ihrem Leben. Dann sind Sie innerlich frei und offen genug für das Neue und das Mehr. Vom Vergangenen befreit, haben Sie die Kapazität und die Kraft, um Neues wirklich annehmen, umsetzen und leben zu können.

Um etwas loslassen zu können, muss zunächst wahrgenommen werden, dass etwas zu Ende ist. Eine solche genaue Bestimmung hilft Ihnen, Ihr Ritual auszuwählen. Es macht Ihr Thema für Sie fassbar und bringt es ein Stück weit nach außen. Und Sie wissen ja bereits: Erst wenn die Thematik bewusst gemacht wurde, kann sie auch wieder losgelassen werden. Es wird wie bei einer Verabschiedung noch einmal die Verbindung aufgenommen und dann erst gelöst.

Das rituelle Loslassen ermöglicht es, den Vorgang sinnlich wahrzunehmen. Sie kommen dadurch ins aktive Tun. Das bringt Sie aus der Erstarrung und lässt Sie das Loslassen wirklich vollziehen. Denn denken ist eines, aber es auch wirklich zu tun, ist etwas ganz anderes.

Fragen zum Loslassen

Was ist es genau, was zu Ende ist? Ist es das Ende einer Beziehung, einer wichtigen Freundschaft oder Liebe? Ist ein Abschnitt einer Beziehung zu Ende gegangen? Muss bei Ihnen eine Arbeitsstelle oder eine bestimmte Position verabschiedet werden? Steht für Sie der Fortgang aus einer Stadt an? Ist es das Ende einer Lebensphase, die Verabschiedung von Ihrer Berufstätigkeit oder von Ihrer körperlichen Fruchtbarkeit?

Haben Sie etwas aktiv und willentlich beendet, haben Sie über das Ende mitbestimmen können oder wurden Sie einfach damit konfrontiert? Hat sich das Ende schleichend eingestellt, kaum bemerkbar, oder war es abrupt, und Sie wurden plötzlich damit konfrontiert? Wie leicht fällt es Ihnen, das Ende und ein Loslassen zu akzeptieren? Sind Sie erleichtert darüber oder fällt es Ihnen schwer? Wie groß ist Ihre Angst vor dem Danach? Halten Sie bisher noch fest daran, weil Sie Angst vor der Veränderung haben oder vielleicht sogar vor Freiheit davon haben? Bringt Ihnen die Situation noch nicht eingestandene Vorteile?

Wie fühlt es sich momentan an? Ist es wie eine Fessel, die Sie behindert, die Sie abschnürt? Ist es eine spürbare Last, die Sie beschwert? Fühlen Sie sich am Vorwärtskommen gehindert? Ist es ein harter Kloß oder Block, der in Ihnen drückt und schmerzt? Fühlt es sich an wie eine zähe Verklebung oder gar wie eine Verunreinigung? Oder können Sie schon eine gewisse Vorfreude auf Kommendes spüren?

Loslassen zu müssen kann sehr schmerzhaft sein. Viele Fragen drängen dann ins Bewusstsein. Sich ihnen zu stellen, kann schon ein paar Schritte weiterhelfen.

DAS ENDE VOLLZIEHEN

> ### »Nein, danke!«
>
> Wenn Ihnen etwas angeboten wird, als einfaches Beispiel ein Stück Kuchen, ist die übliche ablehnende Formel: »Nein, danke.« Da sagen Sie eher nicht: »Bloß keinen Kuchen, davon wird mir ganz schlecht!« oder: »Oje, Hilfe, davon werde ich nur dick!« Denn dadurch würde das Abweisen unnötig dramatisiert und emotional aufgeladen. Dann würde sicher noch einige Zeit über die Auswirkungen Ihres Kuchenverzehrs gesprochen, und das Thema bekäme unnötig viel Raum. Ein einfaches: »Nein, Danke. Ich möchte nicht«, beschließt klar die Situation. So ein Kuchen ist ja auch nicht an sich schlecht, sondern Sie möchten einfach nicht.
>
> Eine ungute Situation, die Sie loslassen möchten, ist auch nicht generell und ganz und gar schlecht. Sie hat oder hatte gewiss auch ihre guten Anteile, oder zumindest konnten Sie daraus etwas für sich erfahren und lernen. Wenn Sie sich beim Loslassen dafür bedanken, bleiben Sie dadurch bei sich und stabil in Ihrer Mitte. Sie gehen dann stark und heil aus dem Loslassen hervor.

Loslassen ist nicht das Gleiche wie Loswerden-Wollen. Loslassen können wir nur, was nicht mehr zu uns gehört. Was wir loswerden wollen, sollten wir uns hingegen genauer anschauen: Warum ist es da? Warum will ich es nicht?

Beim Loslassen ist es wichtig, dass es friedvoll geschieht. Meist wird ein Loslassen ohnehin erst erfolgen, wenn alles Verleugnen und alle Stadien von Kampf und Wut überwunden sind. Dann können Sie aus dem einen wirklich bedeutsamen Grund loslassen: dass es Ihnen guttut. Denn darum geht es dabei eigentlich. Mit dem Loslassen möchten Sie sich befreit fühlen können. Sie möchten den Raum für Mehr in sich schaffen. Wenn Sie voll von

HILFE VOM ELEMENT FEUER

Wut oder anderer intensiver Emotionen loslassen, binden diese starken Gefühle Sie immer noch an die Situation. Ein Loslassen ist dann nicht vollständig möglich. Ich empfehle daher immer eine Loslassformel, bei der auch ein Dank ausgesprochen wird.

Feuerwandel

Eine sehr wirkungsvolle Möglichkeit, um etwas loszulassen und zu beenden, ist das Verbrennen. Was Sie loslassen, wird deutlich sichtbar vor Ihren Augen vom Feuer verzehrt. Es existiert dann nicht mehr. Sie sehen und spüren, wie die Energie, die darin noch gebunden war, frei wird. Denn das Feuer wird heller und wärmer beim Verbrennen. Zurück bleibt nur ein Häufchen Asche. Das macht es auf wunderbar aktive Weise für Sie deutlich und bewusst. Da Feuer wirklich Energie umwandeln kann, ist das Verbrennen besonders für das Befreien von negativen Aspekten einer Situation geeignet.

Dazu müssen Sie natürlich vorbereiten, was Sie stellvertretend verbrennen möchten. Sie können die negativen Aspekte zuvor auf kleinen Zetteln notieren. Sie können auch stellvertretende Objekte bauen. Verwenden Sie dabei möglichst Naturmaterialien, die beim Verbrennen einen ungiftigen Rauch erzeugen.

Wenn wir Altes, Überlebtes loslassen, indem wir es verbrennen, handeln wir so, wie es uns viele Kulturen vormachen.

Wichtig!

Sie sollten nur stellvertretende Aspekte einer Situation verbrennen, nie Stellvertreter einer Person! Eine solche Verantwortung möchten Sie doch sicher nicht übernehmen. Wenn Sie Fotos verbrennen, dann nur mit der Intention, dass Sie sich damit von der abgebildeten Situation befreien.

Lassen Sie sich für die Vorbereitung ausreichend Zeit. Sie können damit buchstäblich über einen längeren Zeitpunkt hinweggehen. Lassen Sie sich von der Frage nach den passenden Worten, Symbolen und Objekten begleiten. Wenn Sie stimmige Formen dafür gefunden haben, ist der richtige Zeitpunkt für Ihr Ritual gekommen. Sie können für die Suche danach auch ein separates Ritual durchführen. Mit entsprechend ausgesprochener Absicht werden sich die richtigen Formulierungen und Bilder einstellen.

Weil die ausführliche Klärung vorab so wichtig ist, bestehen Loslass-Anfragen bei mir immer aus einer vorbereitenden Gesprächssitzung und einem weiteren Termin mit dem individuell passend ausgearbeiteten Ritual. Im Anschluss daran gebe ich meist noch Anregungen für ein den Prozess fortführendes, kleines zu wiederholendes Ritual.

Loslassen kann uns schwerfallen, doch es wird immer wieder vom Leben gefordert. Ist es gelungen, fühlen wir große Erleichterung.

Das eigentliche Ritual des Loslassens

Bei Ihrem Loslassritual passen Sie den Rahmen in Bezug auf Ausstattung, Anrufung und Fürbitte natürlich Ihrer Absicht an. Zum Verbrennen brauchen Sie eine feuerfeste Schale und etwas Brenngut wie zum Beispiel biologische Grillanzünder. Denn am besten ist es, wenn bereits ein Feuer brennt, in das Sie Ihr Loszulassendes werfen können. Bei der Anrufung laden Sie insbesondere die Kräfte des Feuers ein. Formulieren Sie klar Ihre Absicht des Loslassens, Freiwerdens und Transformierens und verstärken Sie so Ihre Intention. Wenn Sie ausreichend auf Ihr Tun fokussiert sind und der richtige konzentrierte Zeitpunkt zum Loslassen gekommen ist, leiten Sie es mit einer Formel ein wie: »Ich danke dem Teil meines Lebens, der mich bis hierher begleitet hat, für das, was ich von ihm lernen durfte, und ich lasse ihn hier und jetzt los.«

Erleben Sie mit, wie das Feuer alles verzehrt und wandelt. Manchmal muss man auch ein wenig nachhelfen und alles weiter in das Feuer hineinschieben. Nehmen Sie das an und beurteilen Sie möglichst nichts. Es wirkt auf jeden Fall. Wenn Sie das Gefühl haben, dass die Wandlung abgeschlossen ist, bekräftigen Sie den Prozess mit abschließenden Worten wie: »So sei es!« Und versäumen Sie es beim Entlassen der Kräfte nicht, sich zu bedanken. Das bestärkt in Ihrem Unbewussten zusätzlich das Wissen darüber, dass wirklich geschehen ist, was geschehen sollte.

Das gekappte Band

Mit diesem Ritual lässt sich gut eine Verbindung zu einer Situation oder zu einer Person trennen. Das Vorgehen ist ganz einfach. Sie stellen mit einem Band eine symbolische Verbindung her zwischen sich und einem Platzhalter für das, wovon Sie sich lösen möchten, und kappen dann diese Verbindung. Dazu können Sie gut den Platzhalter auf einem Stuhl platzieren. Das könnte ein Foto sein, ein Ring oder irgendetwas, das die Situation oder Person klar für Sie repräsentiert. Winden Sie um sich und um die Stuhllehne einen oder mehrere Fäden oder Bänder. Eine hohe Stuhllehne ermöglicht es Ihnen, die Verbindung auf der Höhe Ihres Sonnengeflechts oder Ihres Herzens zu knüpfen. Sie können für jeden Aspekt der Verbindung ein eigenes Band spannen, gern auch farblich unterschieden. Sie können wählen zwischen Wollfäden oder breiteren Bändern. Bänder aus Kreppapier sind auch gut, weil sie etwas nachgeben und sich dadurch gut spannen lassen. Auch lassen sie sich mit kraftvoller Geste mit bloßen Händen durchreißen. Das macht das Kappen für Sie intensiv körperlich erfahrbar. Fäden und Stoffbänder können Sie mit einer Schere oder mit einem Messer durchtrennen. Das Durchtrennen mit dem

> Ungute Verbindungen zu anderen Menschen können sich tatsächlich wie Bänder, Stricke oder Fesseln anfühlen. Sie loswerden zu wollen, ist ganz natürlich — und über ein passendes Ritual zum Glück auch möglich.

Das Ende vollziehen

Messer bezieht stärker den Körper mit ein. Nur sollte das Messer unbedingt so scharf sein, dass Sie das Band mit einem klaren Schnitt durchtrennen können.

Bei der Anrufung formulieren Sie Ihre Absicht, frei zu werden und bestimmte Verbindungen zu beenden. Sie fokussieren sich auf Ihr Tun und konzentrieren sich auf Ihr Loslassen. Das Kappen des Bandes leiten Sie mit einer Formel ein wie: »Ich danke dem Teil meines Lebens, mit dem ich bis hierher verbunden war, für das, was ich von ihm lernen durfte, und ich löse mich hier und jetzt aus dieser Verbindung.«

Abschließend können Sie die Überreste des Bandes noch einem Feuer zur Wandlung überlassen. Bekräftigen Sie den Prozess in jedem Fall mit einem abschließenden »So sei es!« und bedanken Sie sich beim Entlassen der Kräfte für alles, was geschehen ist.

Während des Dankes für das, was jetzt losgelassen wird, macht man sich die Bedeutung dessen noch einmal bewusst, was lange Teil des eigenen Lebens war.

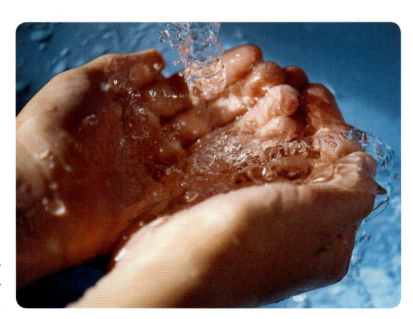

Wasser ist sehr hilfreich für Loslassrituale.

Das Ablösen

Dieses Ritual ist sehr wirksam, wenn Sie das Gefühl haben, dass Ihnen etwas anhaftet. Es scheint, als stecke da etwas in Ihrem Körper fest. Es verklebt und blockiert Sie und macht Sie handlungsunfähig ... Das Ablösen geschieht über Ihre Hände bis maximal Ihre Unterarme, also weit genug vom Herzen entfernt. Wenn Sie das Gefühl haben, dass die abzulösende Energie an einer anderen Stelle in Ihrem Körper festsitzt, bewegen Sie sie zuerst in Richtung Ihrer Hände. Machen Sie dazu greifende und ziehende Bewegungen knapp über Ihren Körper hinweg und richten Sie Ihre ganze Aufmerksamkeit auf dieses Tun und seine Absicht aus. So können Sie die Energie wirklich lenken.

Mit leicht wasserlöslichen Farben malen Sie sich dann auf die Hände und Unterarme Begriffe und Symbole, die für das Abzulösende stehen. Das ist eine Phase großer Intensität, für die Sie sich ausreichend Zeit lassen sollten. Denn damit wird alles bereits aus Ihrem Inneren heraus an Ihre Körperoberfläche transportiert. Wenn Sie alles auf Ihren Händen konzentriert haben, leiten Sie das Ablösen mit einer Formel ein wie: »Ich danke dem Teil meines Lebens, der bis hierher Teil meiner Selbst war, für das, was ich von ihm lernen durfte, und ich löse ihn hier und jetzt von mir ab.«

Jetzt spülen Sie sehr bedacht und absichtsvoll alles in einer bereitgestellten großen Schale mit Wasser ab. Machen Sie dies in vollem Bewusstsein dessen, dass Sie mitsamt der Bemalung wirklich alles Ungewünschte ablösen. Vielleicht verspüren Sie nach Beendigung des Rituals das Bedürfnis, sich noch komplett zu duschen. Dann halten Sie Ihre Intensität und Ihren Fokus solange aufrecht.

Bei dem abschließenden Dank — wie auch schon in der Anrufung zu Beginn — wenden Sie sich natürlich besonders an die Kräfte des Wassers.

Das Ende vollziehen

Von der Last befreit

Wenn wir von einer drückenden Last befreit und erleichtert sind, sprechen wir gern von einem Stein, der uns vom Herzen gefallen ist. Genau darum geht es bei diesem Ritual. Es ist immer angeraten, wenn Sie in sich ein bedrückendes Gefühl von Schwere verspüren. Hervorgerufen durch schmerzhafte Trauer oder erdrückende Gefühle von Schuld lastet diese Schwere auf Ihnen und zieht Sie hinab. Da wirkt es sehr befreiend, all das auf etwas wirklich Schweres, eben einen Stein zu lenken und diesen loszulassen. So besteht die erste wichtige Phase des Rituals wieder in der Vorbereitung. Finden Sie einen Stein, der von der Farbe und Größe, der Oberflächenbeschaffenheit und dem Gewicht her genau dem entspricht, wovon Sie sich befreien möchten. Das ist ein kontemplativer Vorgang der Bewusstmachung und des eigentlich gegenseitigen Findens.

Während Sie durch die Natur streifen, um Ihren Stein zu finden, sind Sie bereits mitten im Loslassprozess.

Bei der Anrufung und dem abschließenden Dank wenden Sie sich besonders an die Kräfte des Wassers und auch an die Kräfte der Erde, zu der auch der bereitwillige Stein gehört. Bitten Sie um Unterstützung bei der Erleichterung und dem Loslassen.

Bevor Sie den Stein im Rahmen Ihres Rituals loslassen, sollten Sie sich die drückende Last noch einmal bewusst machen. Sorgen Sie dafür, dass Sie seine Last zunächst noch einmal spürbar erfahren. Halten Sie dazu den Stein dorthin am Körper, wo Sie die Last am deutlichsten spüren, und gehen Sie so einige konzentrierte Runden. Ebenso, wie Sie auch bisher mit dieser Last gegangen sind. Wenn für Sie der richtige Zeitpunkt zum Loslassen gekommen ist, führen Sie ihn fort von Ihrem Körper mit einer Formel wie: »Ich danke dem Teil meines Lebens, den ich bis hierher getragen habe, für alles, was ich von ihm lernen durfte, und ich befreie mich hier und jetzt davon.« Um den Stein und alles, was er für Sie repräsentiert, jetzt loszulassen, lassen Sie ihn am besten mit lautem Klatschen ins Wasser fallen. Damit entschwindet er tatsächlich auch aus Ihrem Blick, und es gilt: »Aus den Augen — aus dem Sinn!« Und Sie erhalten noch einen verstärkenden akustischen Impuls durch das klatschende Geräusch. Für die Durchführung brauchen Sie also entweder in Ihrem Innenraum ein Wassergefäß, das wirklich groß und tief genug ist. Und Sie sollten es sich so einrichten können, dass Sie den Stein tatsächlich hemmungslos hineinplatschen und es spritzen lassen können. Oder Sie führen dieses Ritual draußen an einem Fluss oder einem See durch.

Wenn Sie den Stein und damit alles Sie Belastende loslassen, sollten Sie die deutlich zu spürende Erleichterung genießen. Wenn Sie dabei in Ihrem Körper eine bestimmte Stelle in großer Erleichterung spüren, legen Sie behutsam heilend und schützend Ihre Hände dort auf.

Viele spüren wieder eine echte, beinahe kindliche Lebensfreude aufflammen in dem Moment, in dem der Stein ins Wasser klatscht.

Das Reinemachen

Unser tägliches Waschen und Duschen und die regelmäßige Reinigung unserer Garderobe birgt weit mehr als nur die formale Hygiene. Es ist immer auch ein wichtiger Teil der Seelenhygiene. Wir befreien uns damit auch von alten Energien, wir reinigen damit auch unseren Energiekörper. Diese Seelenhygiene ist ebenfalls ein bedeutsamer und erfreulicher Nutzen von unseren Ritualen. Und ebenso wie uns selbst, reinigen wir damit unser erweitertes Selbst, also unseren unmittelbaren Lebensraum, unser Heim. Tun wir das nicht, macht uns dort stickige Luft darauf aufmerksam, dass wir von stagnierender und unreiner Energie umgeben sind. Doch auch dort ist eine rituell ausgeführte energetische Reinigung ebenso wohltuend wie bei uns selbst.

DAS ENDE VOLLZIEHEN

> ### Gute Energien etablieren
>
> Im Anschluss an ein Reinigungsritual können Sie noch mit einem Zerstäuber eine erfrischende, belebende Essenz versprühen — verbunden mit guten Wünschen für die kommende Zeit. Da Sie damit Energie aufbauen, machen Sie das mit dem Sonnenlauf.

Bei einem Besuch in Tirol fand ich in einem gewöhnlichen Haushaltswarenladen ein Räuchergefäß, wie wir es bei uns nur aus Kirchen und rituellen Zusammenhängen kennen. Dort gehört das räuchernde Reinemachen offenbar noch selbstverständlich dazu.

Tun Sie sich also ruhig den Gefallen und führen Sie in Ihrem Zuhause ein regelmäßiges Reinigungsritual durch. Welche Elemente aus dem allgemeinen Ablauf (in Kapitel 3 ab Seite 73 beschrieben) Sie hierbei einflechten, ist Ihnen überlassen. Ich habe mir zum Beispiel angewöhnt, immer am Tag, bevor die Mülltonnen geleert werden, allen Müll im Heim einzusammeln und alle Müllbehälter auszuleeren — und ich verbinde das immer mit einer anschließenden rituellen Räucherung aller Räume. Versuchen Sie es mal: Damit befreien Sie Ihren direkten Lebensraum von allem Alten der vergangenen Woche. Das wirkt wie ein befreiender regelmäßiger Neustart. Im Arbeitsbereich wirkt das natürlich auch.

Da Sie die alte Energie mit diesem Ritual abbauen wollen, gehen Sie dabei gegen den Sonnenlauf, also gegen den Uhrzeigersinn vor. Begleiten Sie das Räuchern unterstützend mit einer Formel wie: »Hiermit reinige ich diesen Raum und befreie ihn von allen alten, unguten und verbrauchten Energien.«

Heilsames Verabschieden

Beim Loslassen dessen, was vergangen ist, sind wir uns des Vergangenen bewusst. Wir möchten es meist auch ganz gern los sein, nur die Angst vor dem Ungewissen hält uns zurück. Ein Abschied hingegen gehört stärker zu einem aktuellen Loslassen-Müssen, das mit Schmerz und Verlust verbunden ist. Es ist von außen eingetreten und hinterlässt Gefühle von Verlorenheit und Trauer. Meist trifft es denjenigen, der zurückbleibt, am härtesten. Da möchten wir gar nicht gehen lassen und sind noch mit liebevollen Gefühlen in Verbindung mit dem, was uns verlässt. Ein Verabschieden muss daher immer sanft und behutsam erfolgen. Dabei wollen unsere Gefühle, unser Dank und unsere liebevollen Wünsche noch ein Stück weit begleitend mitgehen können und sich erst allmählich lösen.

Es ist wie bei einem Abschied am Bahnhof von einer geliebten Person. Da halten wir auch erst noch den Kontakt an der offenen Tür und harren dann winkend vor verschlossenen Türen aus, bis der Zug abfährt. Und manchmal geleiten wir den fahrenden Zug sogar noch ein Stück weit, bis er endgültig unseren Blicken entschwunden ist. Dieses behutsame Verabschieden brauchen wir, damit dabei nicht zu viel von uns mitgerissen wird, damit wir es heil überstehen.

Wenn die Gefühle der Trauer zu stark und der Schmerz zu groß sind, vertrauen Sie besser auf einen hilfreichen Halt und lassen sich von einer Ritualleiterin achtsam durch ein Abschiedsritual hindurch geleiten.

Mit dem Fluss davon

Ein Abschied ist weniger ein aktives Ablösen als vielmehr ein erlaubtes Gehenlassen. Deshalb brauchen wir bei diesem Ritual die Unterstützung der Kräfte im Außen, also der Naturkräfte. Dieses Ritual sollte, wie der Name schon sagt, draußen an einem Fluss durchgeführt werden, denn Sie brauchen dazu dessen aktive

Das Ende vollziehen

Blüten können als Symbol für das, was wir verabschieden, mit dem Wasser eines Flusses davontreiben.

forttreibende Kraft. Sie brauchen eine Strömung, die etwas mit sich trägt. Dazu können Sie am Ufer stehen oder auf einer Brücke, die über den Fluss hinwegführt. Entscheiden Sie selbst, ob Sie dort einen Altar aufbauen möchten. Vielleicht wünschen Sie sich als Fixpunkt und Halt dort im Freien Repräsentanten für die Elemente. Das könnte eine Laterne sein für das Feuer, ein Stein für die Erde und eine Feder für die Luft. Das Element Wasser ist am gewählten Ort ohnehin mit großer Wirkkraft vertreten.

Sie kennen sicher den Brauch, Kerzen auf dem Wasser treiben zu lassen. Er ist in vielen Kulturen vertreten und schafft ein schönes tröstliches Erleben. Es ist aber leider weder brandsicher noch ökologisch einwandfrei. Ich empfehle, ganze Blumen oder auch nur Blüten von der Strömung forttreiben zu lassen. Als einstimmende Vorbereitung gilt es wieder, die passende Blume zu finden. Welche Blume in welcher Farbe entspricht dem, wovon Sie sich verabschieden möchten, und ehrt den- oder dasjenige am meisten? Der Prozess des Findens schafft schon im Vorfeld die so wichtige Bewusstwerdung und Sammlung. Nach der gewohnten rituellen Zentrierung können Sie allen Dank und alle guten Wünsche aussprechen. Beschließen Sie das mit den klaren Worten: »Hiermit verabschiede ich mich.« Mit diesen Worten übergeben Sie die Blume dem Strom des Wassers. Die Blume wird sich von Ihnen entfernen, sie wird weiter und weiter von Ihnen wegtreiben und schließlich ganz Ihren Blicken entschwinden. Lassen Sie das zu und lassen Sie das auch in Ihrem Inneren zu. Sprechen Sie abschließend mit großer Aufmerksamkeit Ihren Dank aus, um den Prozess wirklich klar abzuschließen und sich wieder ganz auf sich selbst zu konzentrieren.

Dem Himmel entgegen

Statt die Blüten vom Wasser forttreiben zu lassen, können Sie ausgewählte Blüten und Kräuter auch trocknen lassen und verbrennen. Der aufsteigende Rauch, der dabei entsteht, nimmt Ihre guten Wünsche und Ihre Abschiedsworte mit hinauf in den Himmel.
Auch hierbei ist es wieder wichtiger Teil des Prozesses, die richtigen Blüten und Kräuter zu wählen. Sie können diese natürlich auch bereits getrocknet kaufen. Noch wirkungsvoller ist es jedoch, die Zeit der Trocknung als Teil des Rituals mitzuerleben. Mit anzusehen, wie die frischen, farbenfrohen Blüten allmählich trocknen und blasser werden, ist bereits Teil des Abschieds. So haben Sie die Möglichkeit, jeden Tag zu diesen Blüten zu treten, sich rituell zu sammeln und Ihren Dank und Ihre Wünsche auszusprechen.
Das endgültige Abschiedsritual können Sie draußen oder drinnen ausführen. Schön ist natürlich, wenn der Rauch frei in den Himmel

In Japan feiert man traditionell das Kirschblütenfest Hanami — ein Ausdruck des Bewusstseins für die Vergänglichkeit, die sich insbesondere an den zarten, schnell verwelkenden Blüten zeigt.

Das Ende vollziehen

hinaufsteigen kann. Im Innenraum könnten Sie das Ritual in der Nähe eines geöffneten Fensters ausführen. Draußen bietet sich dafür ein windgeschützter Ort an und am besten auch ein windstiller Tag.

Sie können auch mit Ihren Händen liebevoll dem Rauch auf dem Weg nach oben den richtigen Weg bereiten.

Wenden Sie sich beim Aufbau der Energie für dieses Ritual intensiv an das Element Feuer. Für das Verbrennen Ihrer Kräuter brauchen Sie natürlich eine feuerfeste Schale und eventuell etwas Räucherkohle. Leiten Sie das Verbrennen mit einer Formel ein. Dabei können Sie sich mit direkter Ansprache an dasjenige oder denjenigen wenden, von dem Sie sich verabschieden. Während Sie dann die Kräuter entzünden, sprechen Sie ausdrücklich aus: »Ich verabschiede mich hiermit von ...« Wenn es sich um eine verstorbene Person handelt und es für Sie stimmig ist, können Sie noch etwas hinzufügen wie: »Geh dem Himmel entgegen, zur Weite, zur Freiheit und zum Licht!« Benennen Sie noch einmal dankend alles Gute und Schöne und geben Sie Ihren Dank und Ihre guten Wünsche begleitend mit. Sitzen Sie in Stille, bis alles verglüht ist, und beschließen Sie dann dankend das Ritual.

Nach und nach

Dieses kleine wirkungsvolle Ritual lebt davon, dass Sie es regelmäßig durchführen. Schön ist es, wenn Sie sich dafür einen separaten Altar, einen kleinen Bereich einrichten. Wichtig ist dabei, dass Sie den Bereich öffnen und wieder schließen können. Vielleicht haben Sie ein kleines Schrankfach mit Türen davor. Es könnte auch eine Holzkiste mit einem Deckel oder einem Vorhang davor sein. Oder Sie verhängen den Bereich einfach mit einem schönen Tuch. In den Bereich stellen Sie ein Foto oder ein Bild davon, wovon Sie sich verabschieden möchten. So können Sie immer wieder in zentrierter Verbindung eine definierte Zeit davor

Behutsame Neuorientierung

und damit sein. Nach Ablauf der Zeit verabschieden Sie sich mit immer gleichen Abschiedsworten und verschließen liebevoll, aber ausdrücklich den Bereich. Machen Sie daraus ein klar strukturiertes Ritual mit einem vorbereitenden Räuchern — am einfachsten mit einem Räucherstäbchen — mit einer entzündeten Kerze und einem einleitenden und beschließenden Klingeln.

Mit der Zeit variieren Sie Ihr Sein vor Ihrem Abschiedsaltar. Anfangs sitzen Sie täglich davor, dann nach ein paar Tagen jeden zweiten Tag. Es ist auch hilfreich für Ihr Nach-und-nach-Verabschieden, wenn Sie allmählich das Bild gegen ein kleineres auswechseln oder gegen ein Schwarz-Weiß-Bild, wie zum Beispiel eine Fotokopie des anfänglichen Bildes. Irgendwann können Sie das Bild gegen eine schöne Blume ersetzen und ab da den Bereich geöffnet lassen. Und irgendwann bauen Sie ihn ganz ab und stellen einfach eine schöne Blume dorthin. So verabschieden Sie sich wirklich nach und nach und öffnen sich allmählich wieder. Die Gesamtdauer dieses Prozesses hängt natürlich ganz von Ihrem Empfinden und Ihren Bedürfnissen ab.

Sie können dieses Ritual mit dem »Dem Himmel entgegen«-Ritual verbinden und Ihre ausgewählten Blüten und Kräuter mit auf Ihrem Altar platzieren. Der Zeitraum des Rituals ist dann klar definiert durch den Trocknungsgrad der Kräuter und findet ein klares Ende durch das abschließende Räucherritual.

> Abschiedsrituale sollten immer so behutsam wie möglich gestaltet werden. Nicht umsonst sagt man, dass einem ein emotionaler Verlust das Herz zerreißen kann. Daher ist auch der richtige Zeitpunkt wichtig — bitte nicht zu früh starten.

Kraftvolle Übergänge

Um einen wirklich kraftvollen Wechsel vollziehen zu können, brauchen Sie genau die Qualität, die Ihnen die Rituale der vorangegangenen Kapitel bereits ermöglichen. Sie brauchen dazu die Fähigkeit und die Bereitschaft, bewusst und ehrlich wahrzunehmen, was ist und was war. Rituale erlauben Ihnen, Einschränkendes loszulassen und Bereicherndes zu würdigen. Erst wenn Sie das Vorherige loslassen konnten, können Sie sich aufmachen ins Neue und befreit einen absichtsvollen Wechsel vollziehen. Durch ein respektvolles Würdigen fördern Sie Ihr nötiges Empfinden dafür, was Ihnen eigentlich wichtig ist und was Ihnen guttut. Das stärkt Ihren Fokus darauf, wo es eigentlich am besten für Sie hingehen sollte. Das Würdigen stärkt Ihren Mut und Ihre Zuversicht, überhaupt vorangehen zu wollen, und Ihr Vertrauen, anzukommen. Es ist gut, wenn Wechsel versöhnlich sind dem Vergangenen gegenüber. Sie sollten würdigend und liebevoll sein angesichts des Gegenwärtigen und hoffnungsvoll, erwartungsvoll und kraftvoll im Hinblick auf das Kommende.

Jeder neue Weg beginnt mit dem ersten Schritt. Und der braucht eine Ausrichtung, die nötige Beweglichkeit und die Kraft zur Ausführung. Ohne eine Vision dafür, wohin es für Sie am besten gehen sollte, fehlt Ihnen die Ausrichtung. Blockiert von Vergangenem mangelt es Ihnen an Beweglichkeit, und ohne einen Willen, eine Begeisterung für das Kommende fehlt Ihnen die Kraft zum Voranschreiten. Deshalb sollte ein Ritual für Ihre Übergänge Ihnen all das geben oder es in Ihnen verstärken können.

Loslassen setzt gebundene Kräfte in Ihnen frei, die Ihnen dann für Ihr Voranschreiten wieder zur Verfügung stehen.

KRAFTVOLLE ÜBERGÄNGE

Auf ins Neue

Es gibt Übergänge, die durch wiederkehrende natürliche Rhythmen herbeigeführt und eingeleitet sind. Und es gibt Übergänge, die durch Ihre individuellen Umstände und Veränderungen in Ihrem Leben verursacht wurden oder notwendig geworden sind. Bei Letzteren wissen Sie in der Regel nicht, was als Nächstes ansteht. Sie können nicht einschätzen, was da genau auf Sie zukommt. Sie starten in etwas wirklich Neues. Dabei ist dann besonders wichtig, dass Sie sich das Neue auf die richtige Weise herbeirufen, die Ihnen alle nötige Klarheit, Zuversicht und Kraft zur Verfügung stellt.

Wie oft habe ich in Ritualkreisen, in denen dieser wichtige Punkt nicht vorab ausführlich besprochen wurde, Formulierungen gehört wie die hier überspitzt zusammengefassten: »Ich würde mir gern wünschen, dass es mir in Zukunft nicht mehr so schlecht gehen würde.« Oder sogar: »Ich hätte bitte gern, dass man mich Zukunft nicht mehr so schlecht behandelt.« Ist darin irgendetwas von Klarheit, Zuversicht und Kraft? Ist die Formulierung so, dass sie einen eigenen Impuls zur positiven Veränderung auslöst?

In der Wissenschaft werden Übergangsrituale als weltweit zentrale Größen angesehen, die die Menschen von einer Lebensphase in die nächste begleiten. In unserer Zeit sind sie in Vergessenheit geraten. Umso wichtiger ist es, sich selbst solche Eckpunkte zu gestalten.

Die neue Lebensphase

Dies ist ein schönes würdigendes Ritual, wenn Sie in eine neue Lebensphase eintreten, wie an einem besonderen, beispielsweise einem runden Geburtstag oder im Zusammenhang mit den Wechseljahren. Ein würdigendes Ritual wie dieses verstärkt alles Positive, lässt Sie also den Übergang bestens bestehen und gekräftigt in das Neue eintreten. Es eignet sich besonders dann, wenn Sie mit dem, was war, im Reinen sind und voller Zuversicht

Kraftvolle Wünsche

Erstens sollten Veränderungen mit positiven Formulierungen eingeleitet werden. Solange Sie jemandem nur sagen, was er nicht machen soll, weiß er noch nicht unbedingt, was er denn machen soll und kann. Verneinungen hemmen Sie mit ihrer mangelnden Orientierung. Positive Formulierungen hingegen geben eine konstruktive Ausrichtung.

Zweitens sollten Sie Ihre Wünsche und Absichten in Eigenverantwortlichkeit formulieren. Es hilft Ihnen nichts, wenn Sie wünschen, dass jemand Sie liebt oder gut zu Ihnen ist oder Ihnen eine Million schenkt. Das Verhalten anderer können Sie nicht beeinflussen, und wenn Sie es versuchten, wären Sie auf ungute Weise manipulativ. Was Sie tun können, ist Ihrem eigenen Unbewussten neue Impulse einzugeben und damit in Ihrem Handeln und Sein eine andere Ausrichtung zu bewirken. Und das ist sehr viel.

Drittens formulieren Sie am besten Ihre Absichten in der Zeitform der Gegenwart. Statt als ein: »Ich möchte gern irgendwann einmal ...«, formulieren Sie sie am geschicktesten als einen Dank für das bereits Vorhandene. Mögliche Beispiele dafür sind: »Ich danke für die Stärke und Zuversicht, mit der ich den Wechsel zu meinem neuen Arbeitsplatz bewältige.« Oder: »Ich danke für die Offenheit und Leichtigkeit, mit der ich mich an meinem neuen Wohnort einlebe.« Durch diese Art der Formulierung geben Sie Ihrem Unbewussten vor, dass das Gewünschte schon selbstverständlich vorhanden ist. Es muss dann nur noch Ihr Verhalten und damit Ihr Sein daraufhin öffnen.

Positives Denken allein führt nicht weit. Positiv formulierte Absichten in Verbindung mit Ritualen allerdings können das Leben verwandeln.

Kraftvolle Übergänge

und ausgeglichen sind in Bezug auf das Kommende. Andernfalls wählen Sie besser das Ritual: »Was danach kommt«.

Schön und wirkungsvoll ist es, wenn Sie Ihre Lebensphasen stellvertretend durch große Pappscheiben in unterschiedlichen passenden Farben markieren. Die Scheiben sollten Sie so groß zurechtschneiden, dass Sie bequem darauf stehen können. Als Farben können Sie einfach Ihre Lieblingsfarben wählen oder diejenigen, die für Sie die jeweilige Phase repräsentieren. Die Scheibe der kommenden Lebensphase könnte dabei größer sein als die anderen und gern auch in einem helleren oder kräftigeren Farbton. Für ein Wechseljahr-Ritual eignen sich speziell Flächen in den Farben: Weiß für die Phase der Jungfräulichkeit, Rot für die Zeit der körperlichen Fruchtbarkeit und Schwarz für Ihre kommende Zeit als weise Frau.

In unserer heutigen Zeit stehen sich die Lebensphasen relativ gleichberechtigt gegenüber. Wichtig ist vor allem, was der Einzelne daraus macht.

Die Scheiben legen Sie in Ihrem Ritualbereich mit angemessenem Abstand zueinander auf dem Boden aus. Das kann während der Vorbereitungsphase geschehen oder auch Teil des eigentlichen Rituals sein. So können Sie dann durch die einzelnen vergangenen Phasen reisen. Sie können die Scheiben nacheinander betreten und dabei alle Geschenke auf dem Weg erinnern und bewusst verinnerlichen. Nehmen Sie sich für Ihre Zeitreise genügend Zeit. Nutzen Sie dabei ruhig die Wirkkraft der Herbeihol- und Integrierungs-Gesten (ab Seite 69) für sich. Sie werden staunen, wie viele Erinnerungen auf dieser Reise in Ihnen wach werden. Erlauben Sie sich sehr wohl, diese zu genießen. So können Sie reich beschenkt und in sich gesammelt als Letztes in Ihre neue Phase eintreten. Vollziehen Sie diesen Schritt möglichst feierlich und bewusst.

Schön ist es, wenn dabei vor Ihnen ein Licht steht, sodass Sie sich auf das Licht zu bewegen können. An diesem Lebenslicht können Sie auch viele weitere Lichter entzünden und damit zusätzlich noch einen »Kreis des Lichts« aufbauen für all das Gute, das in Ihrer neuen Lebensphase kommen wird. Sie können die Farbfläche für Ihr kommendes Sein auch beschreiben und bemalen. Dieses so mit guten Wünschen und positiven Zielen versehene Lebenswerk kann dann auch nach dem Ritual noch ein schöner, impulsgebender Anker für Sie sein.

In einem Ritual kann die Zeit beinahe stehen bleiben. Sie kommen ganz im Jetzt Ihres Lebens an.

Was danach kommt

Sofern Sie unsicher und ängstlich sind im Hinblick auf das, was da kommen mag, und einen anstehenden Übergang eher scheuen, empfiehlt sich dieses Ritual. Es beginnt damit, dass Sie Altes verbrennen, also ein Feuerwandel-Ritual machen. Selbst wenn Sie eigentlich dazu neigen, das Bestehende zu verklären und gar nicht loslassen und den notwendigen Übergang vollziehen mögen. Für das Feuerwandel-Ritual sind Sie aufgerufen, auch die weniger schönen Aspekte zu erinnern und zu notieren, um sie — symbolisch auf dem Papier — dem Feuer übergeben zu können. Das hilft Ihnen zu einer realistischeren Sicht der Dinge und macht es Ihnen leichter, bei Ihrem Übergang das Bisherige hinter sich zu lassen. Das Feuer setzt die gebundene Energie frei und hinterlässt Asche. Wie Sie vielleicht wissen, reichert Asche die Erde an. Sie kann sogar als Dünger genutzt werden. Deshalb ist es für dieses Ritual schön, wenn Sie eine Schale mit Erde haben. Diese Erde ist sozusagen Ihre Basis und Ihr Jetzt-Zustand. Es ist der Boden, auf dem Sie gerade stehen. Mit der Asche aus dem Feuerwandel, also mit dem transformierten Teil Ihrer Vergangenheit, in dem nur noch die reinen Nährstoffe sind, reichern Sie nun Ihre Erde an. Sie mischen Ihre Erde mit dieser Asche. Diese ist dann Ihre nährstoffreiche Ausgangsbasis. So gestärkt haben Sie jetzt die Kraft, das Kommende in Ihr Leben zu rufen. Beginnen Sie vielleicht damit,

Kraftvolle Übergänge

Kapuzinerkresse hat schöne große Saatkörner und wächst auch schnell.

dass Sie darauf ein Teelicht platzieren — stellvertretend für Ihr Licht. Rufen Sie sich all Ihre erlaubten und geheimen Träume und Pläne, alles Gute, was Sie noch vorhaben, ins Bewusstsein. Bringen Sie in diesem Gefühl Saatkörner einer robusten, schnell keimenden Pflanze in Ihre Erde ein, stellvertretend für alles, was Sie noch wachsen und entstehen lassen wollen. Zudem können Sie noch schöne helle Steine auf Ihre reichhaltige Erde legen für alles, was Sie herbeirufen. Das können gern auch glitzernde, helle Halbedelsteine sein. Ebenso ist es möglich, dass Sie aus hellem Ton symbolische Objekte formen und dazulegen.

Das Bild dabei sollte sein, dass Ihr jetziges Sein eine anfangs doch eher dunkle Erde ist, die durch das Kommende in Ihrem Leben zunehmend heller und prächtiger wird. Und dann werden bald auch noch die Samen auskeimen, und Ihre jungen Pflanzen werden emporwachsen. So reich ist das, was kommen wird!

Am Ende eines Rituals ist nicht selten ein kleines Kunstwerk entstanden.

Wie mit Objekten früherer Rituale umgehen?

Alles, was für Sie an Materiellem während eines Rituals entsteht, müssen Sie natürlich nur so lange bewahren, bis der Prozess nach einiger Zeit abgeschlossen ist. Verabschieden Sie sich dann liebevoll davon und nehmen Sie dabei alle darin gespeicherte Energie in sich auf. Anschließend können Sie sich achtsam davon trennen.

Dabei ist es schön, wenn Sie Naturmaterialien wie Steine, Erde und Blüten wieder der Natur übergeben. Für Sie Nutzbares können Sie selbstverständlich achtsam nutzen, Essbares auch essen. Andere Objekte können Sie mit einer Räucherung von den gebundenen Energien befreien und erneut verwenden, im Alltag oder in einem neuen Ritual.

Dieses Ritual können Sie gut auch über einen längeren Zeitraum hinweg ausführen. Immer wenn Ihnen noch etwas einfällt, machen Sie wieder das Ritual. Sie zünden wieder Ihr Licht auf der Erde an und fügen einen weiteren Stein und ein weiteres Saatkorn hinzu. Irgendwann ist alles wunderbar hell von all den Steinen. Seien Sie dabei bitte nicht bekümmert darüber, dass manche der Pflänzchen auch wieder eingehen werden. Es geht nicht darum, dass Sie einen Dschungel heranzüchten. Es geht um die neuen Perspektiven, die da sprießen. Sie wollen und müssen nicht alle Pläne und Projekte bis an Ihr Lebensende fortführen. Sie wollen mit diesem Ritual zum jetzigen Zeitpunkt bekräftigen, dass etwas Neues entstehen darf, kann und wird.

> In einem Ritual hat alles Symbolcharakter. Dies sollte in seiner Bedeutung aber nicht zu ernst genommen und überbewertet werden.

Mit den Rhythmen des Jahres

Die Stationen auf dieser Reise knüpfen an das taoistische Konzept der fünf Wandlungsphasen mit einem frühen und späten Sommer an, ergänzt um ein Ritual zum Neubeginn. So können Sie Ihren Weg durch den Jahreskreis schön mit regelmäßigen Ritualen in jedem zweiten Monat unterstützend begleiten.

Die folgenden Rituale zelebrieren und unterstützen all die Übergänge, die durch wiederkehrende natürliche Rhythmen herbeigeführt und eingeleitet sind. Alle bisher beschriebenen Rituale bringen in Verbindung und schaffen Ordnung und Stabilität, insbesondere weil sie in einen wiederkehrenden rituellen Rahmen eingebettet sind. Diese Rituale hier finden zudem noch zu einem wiederkehrenden Anlass und Zeitpunkt statt und haben einen wiederkehrenden Kerninhalt.

Ungeachtet klimatischer Verschiebungen findet das gesamte Sein nicht linear statt, sondern in wiederkehrenden Zyklen. In der Natur finden zyklische Wandel statt: das Entstehen, Erblühen, Wachsen, Reifen und Vollenden. Begleitende Rituale bringen uns in Kontakt mit diesem stetigen Wandel und setzen zur passenden Zeit die richtigen Impulse. So können wir die vorhandenen Kräfte nutzen und uns mit ihnen entwickeln. Wir leben dadurch mit den vorhandenen Qualität mit, statt gegen sie an.

Tun im Nicht-Tun

Der Taoismus als älteste der asiatischen Lehren vermittelt seit mehreren tausend Jahren die Weisheit vom »Tun im Nicht-Tun«. Das heißt nichts anderes als ein Nicht-Handeln im Sinn von »nicht gegen die Natur handeln«. Er empfiehlt ein Handeln in Übereinstimmung mit dem natürlichen Geschehen, mit dem zyklischen Wechsel der Zeiten und ihren Energien. Dazu gehört auch ein Handeln im Sinne der eigenen Natur von Körper, Geist und Seele.

Auf diesem Weg können wir unser Eingebunden-Sein in die rhythmischen Veränderungen des Lebens und unsere tiefe Verbundenheit damit erfahren. So können wir uns mit der sich zyklisch verändernden Energie des Seins und den Wechseln des Lebens mit entwickeln. Das Leben und somit auch unser Leben besteht nicht aus einem pausenlos linearen Voranschreiten. Es ist kein dauerndes »Schneller, Höher, Weiter«. Es besteht aus Phasen des Kommens wie auch des Gehens, aus Phasen der Beschleunigung wie der Verlangsamung, aus Bewegung wie Ruhe. Statt dagegen ankämpfen zu wollen, ist es hilfreicher, die Qualität jeder Phase zu erkennen, zu integrieren und damit zu nutzen. Statt alljährlich damit zu hadern, dass die Tage kürzer werden, macht es ausgeglichener, wenn wir auch bei zunehmender Dunkelheit deren positiven Aspekte wahrnehmen und für uns annehmen können. Wiederkehrende Rituale helfen dabei, die Wechsel der Zeiten und ihrer Qualitäten ausgeglichen zu leben. Ich lade Sie hiermit ein zu einer impulsgebenden Reise durch den Jahreskreis.

Statt ein beinahe gleichförmiges Einerlei zu leben, lohnt es, mal ganz bewusst mit den Jahreszeiten zu gehen. Dann ist der Sommer viel aktiver als der Winter, in dem man sich viel Ruhe gönnen kann.

Altes zurücklassen und Neues begrüßen

Es gibt Ihre ureigenen Anlässe, zu denen Sie Vergangenes hinter sich lassen und in Neues hinüberwechseln. Ein solches seelisches Großreinemachen ist aber auch als regelmäßig wiederkehrendes Ritual sehr wohltuend. Als offensichtlichster Zeitpunkt bietet sich dafür natürlich der Jahreswechsel selbst an. Viele bereiten sich lediglich durch Einkauf von Sekt und Knallern darauf vor. Doch könnten Sie den Silvestertag viel besser dazu gebrauchen, sich dann bereits ganz konkret von Altem zu trennen? Nutzen Sie den Tag zum Reinigen und Ausmisten. Sortieren Sie Altes aus — mit dem klaren Bewusstsein, all das nicht ins neue Jahr mitnehmen zu wollen. Mit dieser Intention befeuert, gelingt Ihnen das Aus-

Kraftvolle Übergänge

Viele Menschen nutzen den Silvesterabend ganz selbstverständlich für Momente der Besinnung. Das muss einer großen Party nicht mal entgegenstehen.

sortieren viel besser. Schließen Sie den Prozess mit einem reinigenden Räuchern Ihrer privaten oder auch beruflichen Räume ab. Am Silvesterabend selbst können Sie sich den Gefallen tun und ihn rituell begehen. Beginnen Sie mit einem Feuerwandel-Ritual. Notieren Sie dafür vorbereitend auf einem Zettel alles, was sich für Sie vom letzten Jahr her eigentlich schon längst überholt hat, alles was Sie gern loswerden möchten, was Sie hindert, was Sie von Ihrem eigentlichen Potenzial abhält, einfach alles, wovon Sie sich gern verabschieden möchten.

Laden Sie die Kräfte der Elemente ein und formulieren Sie dabei klar Ihre Absicht, loszulassen und frei zu werden. Bereiten Sie Ihr Feuer vor und laden Sie dabei noch mal ausdrücklich die Kräfte des Feuers ein. Nutzen Sie diese Phase dazu, sich ganz auf Ihre Absicht zu fokussieren. Wenn für Sie der konzentrierte Moment zum Loslassen gekommen ist, leiten Sie ihn mit einer Formel ein wie: »Ich danke diesen Teilen meines Seins, die mich durch das vergangene Jahr begleitet haben, für das, was ich von ihnen lernen durfte, und ich lasse all das hier und jetzt los.« Lassen Sie das Feuer alles verzehren und wandeln.

Danach ist es gut, wenn Sie sich selbst auch reinigend räuchern. So haben Sie alles Alte abgelöst und den Raum geschaffen für das Neue.

Jetzt können Sie Ihren ureigenen Reichtum in Ihr Leben rufen. Denken Sie dabei an die wichtige Regel, dass das Herbeirufen mit positiven Formulierungen geschehen sollte, in Eigenverantwortlichkeit und in der Gegenwart. Entzünden Sie dabei ein sinnbildliches Licht für das Neue, Helle in Ihrem Leben und halten Sie es wie ein Leuchtfeuer vor sich in die Höhe. Schön ist es, wenn Sie Ihr Licht zum Himmel hochhalten können und so wirklich dem Universum gegenüber Ihr neues Licht, das neue Helle in Ihrem Leben

RITUELLES SILVESTER

präsentieren können. Im Freien ausgeführt ist es also besonders kraftvoll. Sie können aber auch nach Abschluss des Rituals Ihr Licht in die Welt hinaustragen und dort für sich einen Ausklang finden. Draußen hätten Sie auch die Möglichkeit, die übliche Silvesterknallerei rituell umzumünzen. Dort können Sie eine Rakete entzünden und zusammen mit Ihrer positiven Absicht in den Himmel senden. Oder Sie entzünden dort als Ihr Licht eine Wunderkerze. Während diese hell leuchtend abbrennt, haben Sie genügend Zeit, um alles Neue herbeizurufen.

Andere Zeitpunkte für dieses Ritual

Außer dem Silvesterabend gibt noch weitere wirkungsvolle Zeitpunkte für dieses Ritual. Der Tag der Wintersonnenwende, der 21. Dezember ist der kürzeste und somit dunkelste Tag des Jahres. Ab da beginnen die Tage wieder länger zu werden. Das Licht wird an diesem Tag quasi neu geboren. Dieser Tag birgt demnach die passende Energie, um das Alte, Dunkle hinter sich zu lassen und das Neue, Helle einzuladen.

Ebenso wurde und wird zum Februarbeginn in vielen Kulturen das Alte verabschiedet und das Neue, Helle begrüßt und gefeiert. In der christlich-katholischen Tradition liegt Lichtmess am 2. Februar und markiert den Neubeginn des Lichts. Das chinesische Neujahr beginnt auch um diesen Zeitpunkt herum. Zu dieser Zeit spüren wir meist erstmalig, dass es allmählich beginnt, heller zu werden. Wenn so deutlich das Licht zunimmt und die Lebenskraft erwacht, ist es ein guter Zeitpunkt, sich in einem rituellen Rahmen von Altem zu trennen und eine Absicht für Neues zu setzen. Und es wirkt.

In all den Jahren, in denen ich Anfang Februar dieses Ritual durchgeführt habe, habe ich immer zum ersten Mal im Jahr den Specht hämmern gehört. Da er dieses Hämmern als lautstarkes Signal im Dienste der Balz macht, ist das immer ein sehr hoffnungsvolles Zeichen.

Kraftvolle Übergänge

Die besondere Kraft liegt wieder in Ihrer Fähigkeit zur Sammlung und Konzentration. Die konzentrierte Absicht macht aus scheinbar einfacher Knallerei Ihr Ritual. Wenn Sie regelmäßig Rituale ausführen und dadurch darin geübt sind, sich zu zentrieren und zu fokussieren und mühelos in die rituelle Intensität einzutreten, können Sie diesen kraftvollen inneren Raum schnell und selbstverständlich schaffen. Dann können Sie Ihr Ritual des Herbeirufens sogar inmitten einer Silvesterfeier für sich durchführen. Das rituelle Loslassen empfehle ich Ihnen jedoch vorab bei sich zu Hause auszuführen. Noch schöner und wirkkräftiger wäre es natürlich, wenn Sie, statt eine übliche Party zu veranstalten, gleich ein solches Ritual mit Freunden machten.

Frühlingsruf nach Veränderung

Wie außen alles sprießt und wächst, so spüren wir auch im Inneren neue Lebenskraft und -freude.

Die nächste Station im Jahreskreis ist die Zeit des Frühlingsbeginns um den 21. März herum. Im Frühling beginnt alles zu sprießen und zu wachsen. Es ist die Zeit des Neubeginns und des neu beginnenden Lebens. Für die Geburt neuen Lebens steht als Symbol auch das Osterei. Vom Jahreskreis auf den gesamten Lebenskreis übertragen ist der Frühling die Zeit der Geburt und der Kindheit. Da geht es um das große Thema Wachstum und damit verbunden um Veränderung. Es geht darum, die eigene Vision zu finden und Neues entstehen zu lassen. Es geht um die Fragen: Was lässt mich erwachen? Was ist meine Vision? Was will ich entstehen und wachsen lassen?

Und es geht um Entschiedenheit und um die kreative Kraft zur Veränderung. Sie haben sicher schon erlebt, wie entschieden und kraftvoll Kinder ihren Willen durchsetzen können. Und Sie haben sicher schon gesehen, mit welcher Kraft sich junge aufkeimende Pflanzen ihren Weg bahnen.

So geht es für Sie in einem Ritual zum Frühlingsbeginn darum, diese Energie des Neubeginns in sich zu erwecken. Gehen Sie auf die Reise nach Ihrer neuen Vision. Wecken Sie Ihre Kraft zur Veränderung und setzen Sie gezielt Ihre Absicht für den Start in das neue Wachstum. Dazu laden Sie besonders die Kraft des neu erstarkenden Lichts ein, die Kraft der Halt gebenden Erde, aus der alles erwächst, und die Kraft des Wassers, das alles lebendig und flexibel hält.

Wir dürfen darauf vertrauen, dass auch in uns nach einem langen Winter wieder Frühling wird.

Sehr intensiv ist es, wenn Sie dann unter eine dunkle dichte Decke kriechen. Darunter sind Sie wie ein Saatkorn in der Erde. Dort können Sie sich auf die Reise nach Ihrer Vision begeben. Dort können Sie zu der klaren Entscheidung danach gelangen, wofür Sie rauskommen wollen. Was soll und will aus Ihnen hervorkeimen? Was soll und will in Ihrem Leben entstehen? Wecken Sie den Willen in sich zur Veränderung!

Wenn Sie für sich zu dem entscheidenden Impuls gelangt sind, strampeln Sie sich mit der Kraft des neuen Lebens ans Licht. Sitzen Sie im Licht noch mal mit der Frage, was für Sie wachsen soll. Nehmen Sie ein schönes großes Saatkorn und bringen Sie es in fruchtbare Erde ein, ein Gefäß mit Erde haben Sie dafür vorbereitet. Sprechen Sie dabei mit aller Kraft laut aus, was in Ihrem Leben Neues wachsen soll und wird. Und danken Sie für alles Gute und Neue, was für Sie zum Wachsen kommt.

Blühende Wonnezeit voller Liebe und Lebensfreude

Auf den Frühling folgt die Zeit, in der alle Pflanzen in voller Blüte stehen, in der die Natur scheinbar explodiert vor lauter Fülle und Pracht. Es ist der Wonnemonat Mai, die Zeit der Romantik und der Liebe. Und es ist im Juni die Zeit des meisten Lichts, wenn um die Sommersonnenwende am 21. Juni herum die Tage am längs-

KRAFTVOLLE ÜBERGÄNGE

> ### Liebe — und Selbstliebe
>
> Auf die Lebensphasen übertragen ist es die Zeit der feurigen Jugend, der überschwänglichen Gefühle und der großen Verliebtheit. In dieser großen Emotionalität besteht aber auch die Gefahr, dass wir unsere Gefühle zu sehr im Außen verstreuen und uns dabei verlieren.
> Bei dem berühmten Ausspruch von Jesus, dem: »Liebe deinen Nächsten wie dich selbst«, wird der wichtige Aspekt der Selbstliebe häufig übersehen. Doch erst, wenn wir uns selbst wertschätzen können, gelingt es uns auch anderen gegenüber. Nur wenn wir wissen, was unsere Freude und Lebensfreude stärkt, können wir uns damit nähren und erblühen. Und nur dann können wir auch andere bereichern.

Blumen sind pure Lebensfreude. Schmücken Sie Ihr Leben häufiger damit!

ten sind. In dieser Zeit der Sonne und der Wärme ist unsere Freude und Lebenskraft am größten. Auch wir blühen regelrecht auf.
Dieses Ritual gibt Ihnen die Möglichkeit, sich inspirieren zu lassen von der Stärke und der freudvollen und leidenschaftlichen Qualität dieser Zeit des Blühens. Es hilft Ihnen, den Zugang zu Ihrer Freude und Lebendigkeit zu erhalten oder ihn zu stärken. Bei der Anrufung wenden Sie sich mit Ihrer Intention natürlich besonders an die Kraft des Feuers. Zelebrieren Sie diese Zeit der Freude, Liebe und Fülle mit einem dicken Strauß Blumen, am besten in den Farben Rot und Rot-Orange. Richten Sie sich in Ihrem Ritualraum ein mit dem Blumenstrauß vor sich.
Das Ritual, dass ich Ihnen hier vorschlage, ist so einfach wie nährend und schön zugleich: Sie wählen und ziehen nacheinander die Blumen aus dem Strauß und legen sie dann zu einem großen Blu-

menmeer um sich herum aus. Die erste Runde ist für Ihre Lebensfreude: Zuerst wählen Sie also die Blumen für Ihre Lebensfreude aus und benennen bei jeder Blüte, was Sie gern machen, was Ihnen Spaß macht und woran Sie Freude haben. Wählen Sie am besten eine gleichbleibende Formel, wie: »Diese Blume steht für ...«
Die zweite Runde machen Sie für sich: Jetzt wählen Sie Blumen aus für das, was Sie ausmacht. Benennen Sie mit Ihrer gewählten Formel, welches Ihre Schönheit und Pracht ist, welches Ihre persönlichen Blüten sind. Und die dritte Runde ist für Ihre Liebe: Benennen Sie, was Sie an sich lieben oder sagen Sie einfach nur bei jeder Blüte: »Ich liebe mich.«
Alle Blumen bilden jetzt ein großes üppiges Blumenmeer um Sie herum. Feiern Sie sich in Ihrem inneren Reichtum, der sich da jetzt im Außen zeigt. Wenn es Ihnen Freude macht, singen Sie abschließend oder tanzen Sie zu Ihrer Lieblingsmusik in Ihrem Kreis der Liebe und Lebensfreude.

Auch der relativ neue Forschungszweig der Positiven Psychologie weiß, wie wichtig es ist, das Gute im eigenen Leben zu würdigen.

Konkret werden, wenn die Früchte reifen
Auf die Zeit der Blüte folgt die Phase des Sommers, in der die Natur mit der Kraft der Erde die Früchte ausbildet. Diese Zeit bringt eine zuversichtliche und friedvolle Qualität zu uns und stärkt die Energie unseres Vertrauens und unseres inneren Friedens. Von den Lebensphasen her ist es die Zeit der Lebensmitte, die Zeit der körperlichen und geistigen Reifung. Es ist die Zeit, wenn wir beruflich konkret werden, Projekte umsetzen und auf die Erde bringen. Es ist die Zeit, wenn wir privat eigene Früchte ausbilden, wenn auch in uns neues Leben wächst, wenn wir Kinder bekommen und sie nährend und schützend wachsen lassen. Dieses neue Leben wächst in unserem Bauch, es wächst aus unserer Mitte heraus.

Kraftvolle Übergänge

Und so geht es bei einem Ritual dieser Zeit für uns eben darum, uns in unserer Mitte zu zentrieren und aus unserer eigenen Mitte herauszufinden, was konkret werden soll in unserem Leben. Das Ritual unterstützt uns dabei, konkret zu werden, aus unserem eigenen inneren Frieden heraus. Wir machen Schritte ins Tun, in das konkrete Schaffen hinein.

Bei Ihrer Anrufung richten Sie Ihre Bitten natürlich vorrangig an das Erd-Element. Denn die Erde kann Sie lehren, Konkretes zu schaffen und reifen zu lassen. Was diese Intention am besten unterstützt, ist eine Geh-Meditation. Gehen Sie mit ruhigen Schritten in der Richtung des Sonnenlaufs. Machen Sie Ihre Schritte so gleichmäßig und ruhig wie ein schlagendes Herz, wie den Herzschlag der Erde.

Geben Sie dann Ihrer Intention weitere Impulse und gehen Sie mit folgenden Fragen: Was gibt mir Stabilität? Was bringt mich

In Ritualen können Sie auch die uralte Kraft von Mantras und heiligen Silben oder einfach wohltuenden Sätzen nutzen.

Die Kraft der Stimme

Die ruhige und friedliche Energie dieses Rituals können Sie durch einheitliches Tönen fördern oder durch das gleichförmige, wiederholte Sprechen von Sätzen. Für das Tönen bietet sich der Vokal »O« an, der Laut, der am meisten im Bauchbereich schwingt.

Unterstützend können Sie sich dabei auch den Bauch halten und reiben, ihn so noch stärker wahrnehmen. Sätze, die Sie sagen können, um noch mehr in Ihren inneren Frieden zu kommen, sind: »Ich liebe mich, ich vertraue mir, ich respektiere mich« und »Ich kann, ich darf, ich will.«

Die Früchte geniessen

in meinen inneren Frieden? Wie klingt der Gesang meiner Mitte? Was möchte ich konkret auf die Erde bringen? Was möchte ich schaffen? Was soll für mich erwachsen?

Wenn sich Antworten herausbilden und herausdrängt, was entstehen will, lassen Sie mit einem Klumpen Ton Ihr Vorhaben konkret werden. Sie modellieren aus Erde, was da wachsen will. Sie formen es konkret aus Ton. Dabei halten Sie am besten Ihre Augen geschlossen. So können Sie am sichersten in Ihrer Mitte zentriert bleiben und von dort aus kreieren.

Halten Sie Ihr fertig modelliertes Objekt vor Ihre Körpermitte und benennen Sie, was für Sie wachsen soll mit Worten, wie: »Hiermit wird konkret für mich ...« Wenden Sie sich abschließend damit hin zu Ihrem imaginierten, gefühlten Außen und präsentieren Sie es dort mit den Worten: »Und ich bringe es in mein Leben.«

> Kreativität ist eine enorme Kraft in uns. Sie zu nutzen, macht glücklich und befriedigt zutiefst.

Im Herbst ernten und reflektieren

Der Sommer hat sich geneigt. Der Herbst beginnt. Die Kräfte ziehen sich zusammen und konzentrieren sich. Es ist die Zeit der Ernte. Mit dem Ernten kommen wir auch zum Rückblick und zur Einschätzung. Nur ein einziger fauler Apfel kann alle anderen mit verderben und so die gesamte Ernte ruinieren. Da brauchen wir die klärende und strukturierende Qualität dieser Zeit. Mit klarem Blick unterscheiden wir bei allem, was wir geschaffen haben, das Wertvolle vom dem, was uns nicht guttut. Was nicht zuträglich ist, wird losgelassen. Auch die Bäume lassen im Herbst ihre Blätter los und behalten nur die Teile bei sich, mit denen sie heil durch den Winter kommen.

Von den Lebensphasen her ist dies auch die Zeit der Reife, wenn wir die Früchte unserer Arbeit ernten und davon leben. In dieser Phase konzentrieren wir uns mehr auf uns selbst und beginnen,

KRAFTVOLLE ÜBERGÄNGE

> **Der Herbst – Zeit des anerkennenden Danks**
>
> Das Thema dieser Zeit ist die Anerkennung Ihres eigenen Wertes mit der dazu nötigen Klarheit und Toleranz. Die Fragen dieser Zeit sind: Was hat mir das Bisherige gegeben? Worauf konzentriere ich mich? Was tut mir gut? Wofür bin ich dankbar? Was will ich loslassen? Was will ich halten? Was sollte weiter mit mir sein?

zunehmend auf innere Werte zu achten. Diese Phase vollendet die Persönlichkeit. Wir können uns mit der Zeit immer klarer einschätzen und werden dabei auch spürbar toleranter.
Deshalb konzentrieren wir uns in einem Ritual zu dieser Zeit auf unseren eigenen Wert und auf das, was wir für uns in Wertschät-

Der Zauber des Herbstes, unübertrefflich in seinen Farben.

DANKBARKEIT FÜR DIE ERNTE

zung und Dankbarkeit halten wollen. Wir erkennen, was wir nicht mehr gebrauchen, was wir loslassen und gehen lassen wollen.
Wenden Sie sich bei Ihrer Anrufung insbesondere an die Kräfte des Feuers und bitten Sie um einen klaren Geist und den hellen Glanz des Lichts, der Ihnen bei Ihrer Reflektion und Auswahl helfen möge. Und bitten Sie auch die Kraft des Windes um Unterstützung. Der Wind wurde schließlich immer schon dazu genutzt, die Spreu vom wertvollen Weizen zu trennen.
Für das Sortieren halten Sie Blätter bereit: Was gut für Sie ist und was Sie behalten möchten, notieren Sie auf Papieren, die Sie zu Laubblättern oder Früchten zurechtgeschnitten haben. Sprechen Sie ruhig alles Gute mit einer Dankesformel aus oder schreiben Sie es sogar mit dem Dank zusammen auf. Diese Papiere können Sie an einem schönen Ort als Erinnerungsanker aufbewahren.
Für alles, was Sie loslassen möchten, legen Sie gesammelte Laubblätter vor sich auf den Boden. Verschränken Sie Ihre Daumen hinter Ihrem Rücken und legen Sie dabei Ihre Zeigefinger aneinander. Jetzt konzentrieren Sie sich auf das, was Sie loslassen wollen. Sie beugen sich vornüber, wobei Sie die gestreckten Arme nach hinten oben anheben. Die Bewegung ist wie die einer Pumpe, die alles Unerwünschte aus Ihnen herauspumpt. Lassen Sie all das vom Herbstlaub aufnehmen … Wenn die alten Blätter mit der Zeit ganz trocken und leicht geworden sind, können Sie sie an einem stürmischen Herbsttag dankbar vom Wind davontragen lassen.

Eine leckere Variante ist auch, die Energie alles Positiven in Blätter aus Schokolade oder in getrocknete oder kandierte Früchte zu lenken. Diese Früchte sind dadurch aufgeladen mit viel wertvoller Energie. Damit können Sie sich gut den Herbst über stärken.

In der Ruhe loslassen und bewahren

Zum Jahresende kommt der Jahreskreis zu seiner Vollendung. In der kalten, dunklen Zeit neigt sich alles dem Ende zu und kommt alles zur Ruhe. Doch in dieser Ruhe sammelt sich die nötige Kraft für den Neubeginn. Es ist wie bei einem Läufer am Start. Der Ath-

Kraftvolle Übergänge

...let senkt sich ab auf dem Startblock und sammelt dort in dem Moment der Ruhe alle Energie. Dann kommt er mit geballter Power hoch und startet zum Lauf.

So wie ein Tier im Winterschlaf ruht die Energie im Winter unter der Oberfläche. Es ist die Zeit, die Kräfte zu sammeln für den Neubeginn im Frühling. Es ist die Ruhe der Saatkörner vor der und für die Keimung. Im Winter findet so auch die Vorbereitung des Bauern statt. Er repariert die Geräte, macht alles bereit für den neuen Jahreskreis.

Und es ist die Zeit, sich auf sich zu besinnen. Deshalb heißt diese Zeit auch die »besinnliche Zeit«. Dabei ist der Stillstand nur scheinbar, denn auch unter der Eisschicht eines Flusses fließt das Wasser weiter. Das Leben geht weiter und beginnt wieder gestärkt jedes Jahr neu. So ist diese Zeit Anfang und Ende zugleich.

Sie können die Erfahrung auch noch um ein »Von der Last befreit«-Ritual ergänzen und so intensivieren. In diesem Fall lassen Sie dazu alles los, was Sie das Jahr über getragen haben. Sie lassen es in Form eines Steines ins Wasser fallen.

Dehnung für innere Ruhe

Um ganz in das Gefühl von Ruhe und vollständigem Loslassen zu kommen, machen Sie am besten eine Körperübung. Sie können dabei stehen oder auf dem Boden sitzen. Beugen Sie sich bei gestreckten Beinen so weit wie möglich vor, bis Sie mit den Fingern möglichst Ihre Füße erreichen. Sie werden merken, es gelingt am besten, wenn Sie einfach bei jedem Ausatmen ein wenig mehr innerlich loslassen und sich ohne viel Ziehen und Zerren ganz ruhig in die Übung hineingeben. Das ist für die Qualität dieser Zeit eine wichtige und hilfreiche Erfahrung. Sie können dabei gern befreiend stöhnen. Das unterstützt Ihr Loslassen noch.

Es ist damit die Zeit für ein Ritual der Ruhe und des Loslassens, in dem Sie den Urquell Ihrer Kraft und Ihres Vertrauens finden und in dem Sie entdecken, was Sie den Winter über bewahren und gestärkt im neuen Jahr hervorbringen lassen wollen. Bei der Anrufung dafür können Sie das tiefe, ruhige Wasser um Hilfe bitten für Ihr Zur-Ruhe-Kommen. Das Element Erde, in dem während des Winters alles ruht, wird Ihnen auch eine wichtige Unterstützung sein können.

Für das Ritual gehen Sie in eine Embryonalhaltung, am besten unter einer kuscheligen Decke. Liegen Sie mit angezogenen Beinen auf der Seite, eingerollt wie ein Baby im Bauch, und erleben Sie so die Energie der intensiven Ruhe vor dem Neubeginn. Liegen Sie zusammengekauert wie eine schlafende Bärin in ihrer Höhle. Vor sich können Sie auch Saatkörner platzieren. Lassen Sie die Fragen in sich wirken: Was ruht in mir? Was ist mein Kern? Was will ich den Winter über hüten und bewahren? Holen Sie bei jeder Antwort auf Ihre Fragen eines der Saatkörner zu sich heran. Die Saatkörner können Sie danach liebevoll verpacken, den Winter über bewahren und bei Ihrem nächsten Frühlingsritual aussäen. So schließt sich dann Ihr Jahreskreis.

Mit den Ritualen im Jahreskreis können Sie sich als Teil der Natur, als Teil des großen Ganzen fühlen.

Die tägliche Kraftquelle

Nicht immer müssen Rituale eine große Sache sein, um großartig zu wirken. Gerade tägliche kleine Rituale wie die folgenden erfüllen alle definierten Kriterien. In die Verbindung mit uns selbst und den Energien um uns herum bringen uns alle bisher beschriebenen Rituale. Aber gerade diese kleinen unspektakulären Formen können Sie ohne großen Aufwand in Ihren Alltag einbauen. Durch ihre regelmäßige Wiederholung können sie dann beständig ihre

KRAFTVOLLE ÜBERGÄNGE

> **Regelmäßige Praxis — erfüllter Alltag**
>
> Ein solch kleines, täglich ausgeführtes Ritual trainiert quasi Ihre Fähigkeit, sich zu zentrieren. Sie lassen sich damit regelmäßig auf die nötige rituelle Intensität ein. Durch diese verinnerlichte Fähigkeit wird es Ihnen möglich, sich leicht in das Erleben und in die konzentrierte Sammlung zu versenken. So gelingt Ihnen diese konzentrierte Hingabe bald nicht nur im rituellen Tun, sondern bei allem in Ihrem Alltag. Sie verstärken damit also insgesamt die Intensität Ihres Erlebens. Ihr Leben wird durchgängig — in allen Bereichen, familiär, privat, beruflich — intensiver und reicher.

Wenn Sie die Rituale in Ihrem täglichen Umfeld machen oder vielleicht sogar unterwegs, können Sie alle ausgesprochenen Worte auch leise murmeln oder sogar nur denken. Das gesprochene Wort hat zwar seine besondere Kraft. So wirkt es aber natürlich auch. Es wird so eher zu einem inneren meditativen Ritual.

stärkende, stabilisierende und ausgleichende Wirkung auf Sie ausüben. Durch regelmäßiges Praktizieren werden Sie bald vertraut sein mit dem Gestalten von Ritualen. Sie können dann rasch den Kern einer Thematik erkennen. Es fällt Ihnen leicht zu erfassen, worum es eigentlich geht und worauf Sie sich hauptsächlich fokussieren sollten.

Das können Sie dann rituell intensivieren. Dabei sind Sie jetzt in der Lage, aus allen möglichen Bestandteilen die jeweils wirkungsvollsten auszuwählen. So können Sie dann auch Ihre bisherigen stabilisierenden Routinen in noch hilfreichere Rituale umwandeln. Dadurch können Sie in allen Lebensbereichen von der Wirkkraft der Rituale profitieren.

Bei einem täglich ausgeführten Ritual verkürzen Sie natürlich die Rahmenabfolge. Wichtig dabei ist einfach, dass Sie in die notwendige Zentrierung und Verbindung kommen. Ich mache Ihnen hier

Den guten neuen Tag begrüßen

Wenn jemandem den ganzen Tag über alles schiefgeht, sprechen wir davon, dass er wohl mit dem falschen Fuß zuerst aufgestanden ist. Dahinter steckt das Wissen darüber, wie wichtig es ist, den Tag gut zu beginnen. Das kennen Sie sicher selbst auch. Wenn Sie morgens schon schlecht gelaunt sind, verläuft meist auch der gesamte Tag nicht besonders gut. Dann begegnen Ihnen nur unfreundliche Menschen, alles misslingt, nichts gefällt Ihnen, nichts macht Ihnen Freude. Entsprechend anders kann Ihr Tag verlaufen, wenn Sie sich morgens schon freuen. Das können Sie auch, denn es ist ja eigentlich schon allein eine Freude, dass Sie den Tag erleben dürfen. Versuchen Sie mal, morgens schon dankbar zu sein für das große Wunder des Lebens. Öffnen Sie sich schon zu Beginn des neuen Tages für alles Gute. Dann kann es auch zu Ihnen kommen.

Dazu möchte ich Ihnen folgendes kleines Ritual vorschlagen. Sie können es an Ihrem Altar ausführen. Wenn Sie mittlerweile geübt darin sind, sich in Ihre rituelle Intensität zu versenken, können Sie dieses Ritual auch bei Ihren ohnehin wiederkehrenden morgendlichen Handlungen machen. Schön wäre es auch am Fenster beim morgendlichen Öffnen der Vorhänge, am besten in Richtung der aufgehenden Sonne im Osten. Es ist sogar beim Laufen möglich, an einer ruhigen, geschützten Stelle.

Eine tägliche Anrufung können Sie auf die reine Nennung der Kräfte konzentrieren, wie zum Beispiel: »Großer Geist, Ihr wohlmeinenden Kräfte des Himmels und der Erde, Ihr Kräfte der Ele-

> Jeden Tag auf solch positive Weise zu begrüßen, kann das ganze Leben wie von Zauberhand verwandeln.

Kraftvolle Übergänge

Die Sonne und den neu erwachenden Tag begrüßen - das ist draußen natürlich besonders schön.

Finden Sie für dieses Morgenritual Ihre individuelle Form, wie kurz oder lang das auch sein mag. Es soll für Sie passen — und was zählt, ist die spürbare Wirkung.

mente!« Dann folgt die Erklärung Ihrer Absicht: »Ich begrüße diesen neuen Tag und danke dafür, dass ich diesen Tag erleben darf. Ich danke für alles Gute, was heute in mein Leben kommt ...« Strecken Sie dabei begrüßend Ihre Arme seitlich aus. Halten Sie Ihre Hände empfangend mit den Handflächen nach oben.

Dann wirken Sie durch rituelle Worte und Handlungen auf Ihre Absicht hin. Sie verstärken Ihre Absicht. So könnten Sie genauer ausführend sagen: »... was meinen Traum nährt«. Dabei halten Sie beide Hände über Ihrem Kopf. Die Handinnenflächen mit ihren starken Energietoren zeigen dabei in Richtung Kopf. So stärken Sie Ihr sogenanntes Kronenchakra. Dieses ist ebenfalls ein Energietor, das mit universalem Bewusstsein, Intuition und Traum in Verbindung gebracht wird. Sie nähren damit also Ihren Traum. So fahren Sie fort und aktivieren dabei alle Ihre wichtigen Energietore. Als Nächstes halten Sie Ihre Handflächen vor Ihr sogenann-

Der gelungene Tagesbeginn

tes Drittes Auge, dem Punkt an Ihrer Stirnmitte etwas über den Augenbrauen. Dort sagen Sie: »... was meine Vision stärkt«, denn Sie stärken damit Ihr Vorstellungsvermögen.

Dann halten Sie Ihre Handflächen vor Ihre Kehle und sagen dort: »... was meinen Ausdruck stärkt«. Danach vor Ihr Herz: »... was mein Herz nährt«. Wenn Sie Ihre Hände vor Ihren Solarplexus halten, etwas oberhalb Ihres Nabels, sagen Sie: »... was meine Gefühle harmonisiert«, denn dieses Energietor steht für die emotionale Verbindung zur Umwelt. »... was meine Kreativität stärkt«, sagen Sie mit den Händen vor Ihrem Unterbauch, denn das Energiezentrum dort steht für Kreativität und Schaffenskraft. Schließlich führen Sie die Energie zur Wurzel Ihres Rumpfes. Dort stärken Sie Ihre ursprüngliche Lebensenergie und sagen deshalb: »... und was meine Lebenskraft stärkt.«

Danken Sie und führen Sie dabei Ihre Hände wieder auf Höhe Ihres Kopfes. Halten Sie dort Ihre rechte Hand vor die Stirn und die linke Hand vor Ihren Hinterkopf und senden Sie über die Energietore in Ihren Händen Energie zu sich selbst. Sagen Sie dabei so etwas wie: »Hiermit sei ich gesegnet und geschützt.« Danach

> Die Energiezentren lassen sich sehr gut im Alltag erforschen, beispielsweise das Solarplexuschakra, das mit den Emotionen verbunden ist. Emotional angespannte Situationen nehmen viele Menschen dort durch einen deutlichen Druck wahr.

Liebevolles Segnen

Beziehen Sie in Ihr Morgenritual gern auch den Segen für Ihr Heim und für Sie und Ihren Partner als Paar ein. Dabei bilden Sie im Geiste eine segnende Glocke über Ihrem Zuhause beziehungsweise über Ihnen beiden. Unterstreichen Sie das ruhig durch eine entsprechende Handbewegung. So machen Sie sich nicht zuletzt auch das Gute in Ihrem Leben neu bewusst.

können Sie visualisieren, wie Sie auch allen Ihren Lieben über Ihre Hände Energie senden: mit der rechten Hand vor der Stirn und der linken Hand vor dem Hinterkopf. Sagen Sie auch dabei: »Gesegnet und geschützt sei ...«

Am Ende bitten Sie noch einmal für sich selbst um Schutz und Segen. Dadurch kehren Sie nach allen Visualisierungen wieder in sich selbst zurück. Abschließend ist es gut, wenn Sie noch den Ort segnen, an dem Sie sind. Dabei wenden Sie Ihre Hände nach außen und drehen sich im Kreis. Das lässt Sie gleichzeitig wieder im Außen ankommen. Ein letztes Danken schließt das Ritual endgültig ab — und der Tag kann beginnen.

Der gestärkte Feierabend

Häufig bringen wir am Abend einigen emotionalen und gedanklichen Ballast mit nach Hause. Das lässt uns nicht klar abschalten und den wichtigen Übergang vom beruflichen zum privaten Sein vollziehen. Es beschäftigt, blockiert und schwächt uns in der wertvollen Zeit unseres Privatlebens. Dagegen hilft dieses einfache und doch wirkungsvolle Ritual. Damit können Sie sich von allem befreien, was für Sie am Tag unangenehm und spannungsgeladen war. Sie können alles Positive für sich ins Bewusstsein bringen und sich somit stärken. So hilft Ihnen das Ritual, ganz in der Gegenwart anzukommen. Sie können mit Ihrer ganzen Präsenz und mit Ihrer positiven Kraft Ihren Feierabend erfüllt erleben.

Am besten führen Sie das Ritual an einer festen Stelle aus. Schön ist dafür tatsächlich so etwas wie ein Altar. Ein Ort, der bereits dafür vorbereitet ist, lädt Sie auf angenehme Weise zu solch regelmäßiger Handlung ein. Dafür brauchen Sie nicht viel. Es genügen eine Kerze, eine Glocke und eventuell ein Räucherstäbchen. Platzieren Sie die Kerze vor sich. Nach dem Vorbereiten und

Falls Sie unterwegs sind, auf Geschäftsreise zum Beispiel, können Sie auch ein schönes, dafür ausgewähltes Tuch mit sich führen. Mit dem untergelegten Tuch können Sie dann einfach den besonderen Raum für Ihr Ritual schaffen.

DEN ABEND TATSÄCHLICH FEIERN

dem einleitenden Klingeln wenden Sie sich beim Rufen der Kräfte natürlich besonders an das reinigende, transformierende Feuer und das erhellende, inspirierende Licht.

Sie beginnen damit, dass Sie alles, was vom Tag loszulassen ist, wieder möglichst präsent herbeiholen. Wenden Sie dabei Ihren Kopf nach links. Im Kapitel zum Symbol der Linie haben Sie erfahren können, dass alles links von Ihnen die Vergangenheit repräsentiert und alles rechts von Ihnen die Zukunft. Es ist egal, ob Sie das unangenehme Geschehen des Tages sehen, hören, riechen, schmecken, spüren oder alles über alle Sinne zusammen erleben. Wenn Sie das Unangenehme noch einmal ganz aufgerufen haben, atmen Sie es entschieden in Richtung der transformierenden Kerzenflamme aus. Diesen Vorgang können Sie auch mehrmals wiederholen, bis Sie das deutliche Empfinden haben, dass Sie alles losgeworden sind. Die Kerze vor Ihnen hat alles, was Sie ihr übergeben haben, in reine Energie umgewandelt und wurde dadurch erhellend gestärkt.

Ob im perfekten Yogasitz oder ganz locker – ein kleines Feierabendritual stärkt und schafft Raum für mehr Leben außerhalb der Arbeit.

Kraftvolle Übergänge

Rufen Sie bei Ihrem Feierabendritual nicht einfach nur die Situation auf, sondern versuchen Sie Symbole oder Begriffe zu finden für alles, was Sie als positiv erlebt haben. Das können Begriffe sein, wie: Zuversicht, Mut, Anerkennung, Freundschaft, Liebe, Vertrauen, Gelingen, Leichtigkeit und Freude.

Danach wenden Sie sich mittig vor sich zur Kerze zu Ihrer Position der Gegenwart und rufen Sie dort alles Positive des Tages auf. Sie wenden sich damit mit Ihrem Kopf nach rechts in Richtung der Zukunft. Denn das ist es, was Sie auch in Zukunft leben möchten. Sie können Ihren Kopf gern zwischen den Positionen in der Mitte und auf der rechten Seite hin und her bewegen. So integrieren Sie alles Positive in sich in der Gegenwart und in der Zukunft. Dabei kommen Sie schließlich wieder in der Gegenwart an und zentrieren sich erneut.

All dieses Gut nährt Sie in dem Moment in Ihrer Gegenwart, stärkt Sie als Anker in Ihrem Unbewussten und festigt so auch Ihre positive Ausrichtung für die Zukunft. Das Ritual lädt Sie richtiggehend mit Gutem auf. Es wirkt so für Ihren Feierabend und noch weit über den Moment hinaus. Diese wunderbaren Effekte gelten nicht nur für das Feierabendritual. Alle Rituale wirken in alle Zeitebenen hinein. Sie klären und heilen Ihre Vergangenheit. Sie haben eine sofortige harmonisierende und bereichernde Wirkung auf Sie in der Gegenwart. Und sie fördern darüber hinaus Ihr zukünftiges Wohl.

So schaffen Sie sich mit Ritualen wirklich kraftvolle Impulse für Ihre Ausgeglichenheit und Ihren inneren Reichtum. Ich wünsche Ihnen ein erfülltes Leben.

Literaturempfehlungen

Zum Thema Rituale

Axel Brück: Die Kraft der Rituale. Arun Verlag, Uhlstädt-Kirchhasel 2008

Luisa Francia: Der magische Alltag. Rituale und Zauberrezepte, Nymphenburger Verlag, München 2011

Martina Kaiser: Rituale — Quellen der Kraft. Droemer Knaur, München 2005

Diane von Weltzien: Rituale neu erschaffen. Rituale als Ausdruck gelebter Spiritualität, Schirner Verlag, Darmstadt 2006

Zu verwandten Themen

Johanna Arnold: Mit den Händen heilen. Heilmagnetismus praktisch angewandt, Schirner Verlag, Darmstadt 2011

Christine Fuchs: Räuchern mit heimischen Pflanzen. Sammeln — Mischen — Anwenden, Kosmos Verlag, Stuttgart 2011

Vera Griebert-Schröder: Und in der Mitte bist du heil. Neue Orientierung durch die Kraft des Medizinrads, Südwest Verlag, München 2011

Dokuho J. Meindl: Zen. Das Glück im Jetzt, Gräfe und Unzer, München 2011

Paola Molinari: Lebe statt zu funktionieren! So nutzen Sie die Kraft der Intuition, Gräfe und Unzer, München 2010

Desmond Morris: Der Mensch mit dem wir leben, Ein Handbuch unseres Verhaltens, Knaur, München 1978

Chong-Mi Müller: Tao der inneren Stärke. Brief an meine 10tausend Kinder, Foitzick Verlag, München 2000

Danksagung

Ich danke allen meinen Lehrern und Impulsgebern und allen Begebenheiten auf meinem Lebensweg. Ich danke meiner Familie und meinen Schwestern und Brüdern im Geiste und allen, die dieses Buch möglich gemacht haben, für ihre Inspiration, ihre Hilfe und Unterstützung und das Vertrauen in mich.

Zur Autorin

© Brigitta König

Lore Galitz ist Ritualmeisterin, Raumcoach, Künstlerin und Dozentin. Sie hat Raumgestaltung und Religionspädagogik studiert und weitere absolvierte Ausbildungen und Fertigkeiten in Feng Shui, chinesischer Astrologie, Qi Gong, NLP und energetischer Heilarbeit. Sie verfügt über tief greifende Erfahrungen aus mehreren Jahrzehnten spirituellen Weges in Christentum, Schamanismus und Taoismus und Jahren der persönlichen Erfahrung mit den großen Lebensthemen Geburt und Tod, Übergang, Trennung und Verbindung. Auf dieser Basis hat sie auf vielfältige Weise energetisch gearbeitet und Menschen auf ihrem Weg geleitet. Aus dieser gesamten Kompetenz heraus führt sie im Raum München Rituale und Zeremonien für Privatpersonen und Firmen durch — zum Verbinden und Würdigen, zum Trennen, zum Loslassen und für Übergänge. Sie veranstaltet Workshops und regelmäßige Ritualabende zum Jahreskreis und bietet Beratungen für die Gestaltung eigener Rituale an.

Weitere Informationen finden Sie unter:
www.raumfuermehr.com
loregalitz@mac.com

Register

Ablehnungsgeste 67
Abschied siehe
  Loslassen
Absicht, formulierte,
  eines Rituals 25ff.,
  73ff., 88, 114, 129,
  142, 150
Altar 64, 77, 82, 84f.,
  89, 122, 124f., 152
Anerkennung, dank-
  bare 144f.
Ängste 109
Anrufung 88ff., 149f.
Aristoteles 36
Atem 52ff.
Aufräumen,
  reflektierendes 99
Aus ganzem Herzen
  geben und nehmen
  (Ritual) 106f.
Ausgeglichenheit 17

Bänder 115f.
Begrüßung,
  Ritual der 9
Beifuß 78
Bereinigung 105 siehe
  auch Reinigung
Bewegungsübung zur
  Reinigung 80
Bewusstseinsebenen
  20
Blockaden lösen 117
Blumen forttreiben
  lassen 122f.
Blumenstrauß-Ritual
  140f.
Blüten verbrennen 123

Dan Tien (Meer der
  Energie) 71
Dank aussprechen 95

Darwin, Charles 65,
  69
Das Ablösen (Ritual)
  117
Das gekappte Band
  (Ritual) 115f.
Das Reinemachen
  (Ritual) 119f.
Das unendliche Liebes-
  feuer (Ritual) 105f.
Dehnung für innere
  Ruhe (Körperübung)
  146
Dem Himmel entgegen
  (Ritual) 123ff.
Den neuen Tag
  begrüßen (Ritual)
  149f.
Denken, positives 129
Der gestärkte Feier-
  abend (Ritual) 61
Die neue Lebensphase
  (Ritual) 128, 130f.
Disziplin 12, 92
Drei (Zahl) 57
Dreieck 56, 61ff.
Dreiheit der Lebens-
  phasen 62f.
Drittes Auge 82, 151
Dualität 59

Eins (Zahl) 57, 59
Eintreten ins Ritual 30
Elemente, vier 33,
  35ff., 64, 88
Embryonalhaltung
  (Ritual) 147
Emotionen 12, 21, 23,
  44, 70, 90, 113
Emoto, Masaru 43
Empedokles 36
Ende und Verlust 109f.

Energie des Lebens
  (Prana/Ki/Qi) 16, 22,
  26f., 31, 43, 69, 74
Energiekreis 66, 71, 87
— schließen 87
Energielenkung,
  perfekte 70
Energien
— auf-/abbauen 80,
  95, 97f., 120
— fließen lassen 69
Energietore 69, 150f.
Erde 33, 46ff., 60, 64,
  69, 89f., 94, 118,
  122, 139, 142, 147
Erinnerungen 20f.
Ernte, Zeit der 143

Fächer 78, 81
Fäden 115
Fasten 79
Feierabendrituale 73,
  152ff.
Feng Shui 16, 38, 40,
  43, 57, 64f.
Feuer 33, 36ff., 55,
  62, 69, 80, 89f., 94,
  113ff., 122, 124, 136,
  140, 145
— transformierendes
  38ff.
Feuerwandel (Ritual)
  113ff., 131, 136
Frieden, inneren, fin-
  den 142f.
Frühling 138ff.
Fünf-Elemente-Lehre
  (Taoismus) 109

Gebetshaltungen 87
Geh-Meditation 84f.,
  142

Gesten 64ff., 75, 86
Gewandung 82, 98
Girlande der Lebens-
  fülle (Ritual) 103f.
Glocken 30, 64, 81f.,
  85, 97, 152
Großreinemachen,
  seelisches 135

Halbedelsteine 132
Hanami (japanisches
  Kirschblütenfest) 123
Hände halten 65f., 69f.
Haut 53
Heilmagnetismus 87
Herbeiholen 69f., 130
Herbst 143ff.
Herbstlaub 145
Hexagramm 62
Himmel — Erde —
  Mensch 61, 64
Himmelsrichtungen
  52, 55, 64, 89
Himmlisches 57, 88
Hochzeitszeremonie/
  -ritual 17ff., 66, 74,
  92
Hofzeremoniell 11

Innenraum 76, 84,
  97f., 119, 124
Integrieren 70f., 130
Intensität 12f., 149
Intention siehe Absicht
Intuition 20, 150

Jahreswechsel 135f.
Jahreszeiten 64, 74,
  134ff.
Jung, Carl Gustav 22,
  56

157

Register

Kampfkünste 67
Kapuzinerkresse 132
Kelch 60f., 69
Kerzen 30, 41, 76, 81, 85, 97, 103, 105, 122, 125, 152ff.
Klangschale 64, 81f., 97
Kommunikation, nonverbale 64f.
Konzentration 12f., 27, 58, 74, 82ff., 138
Körper/Geist/Seele 53, 134
Körperübung 146
Kraftorte 27
Kraftquellen, tägliche 147ff.
Kräuter 16, 78f., 123, 125
Kreativität 143, 149, 151
Kreis 57ff., 64
— Harmonie 57f.
— konzentrierender 58
Kreissymbole 59
Kronenchakra 150

Lao-Gong-Punkt 87
Last loslassen 118f.
Lavendel 16, 78
Lebensbilanz ziehen 102f.
Lebensfreude 17, 141
Lebenslinie 60
Lebensphasen 62f., 130, 143
Lebenstraining 19f.
Lebenstreppe 62f.
Lemniskate (liegende Acht) 59, 106
Licht, lebenswichtiges 40f., 85, 90, 130, 136f.

Lichtkreis (Ritual) 103, 131
Lichtmess 137
Liebesenergie 106
Liebesmythos reaktivieren 104ff.
Limbisches System 21
Linie 56, 59ff., 153
Lo-Shu-Quadrat 48
Loslassen 67ff., 109ff., 143ff.
Loslassrituale 10, 44, 46, 55, 68, 93, 114f.
Loswerden-Wollen 112
Luft 33, 52ff., 89, 91, 94
LuoPan (Feng-Shui-Kompass) 65

Mantras 142
Meersalz 79
Mehl 58, 78
Mentaltraining 20f.
Metallenergie 57
Mit dem Fluss davon (Ritual) 121ff.
Miteinander, freudvolles 104ff.
Mond 44, 57
Morgenritual 149f.

Nach und nach (Ritual) 124f.
Nachbereitung eines Rituals 98f.
Neujahr, chinesisches 137

Offensichtliches wahrnehmen 104
Ordnung, kosmische 14f.

Paarrituale 77, 105ff.
Partnerschaft 104ff.

Platon 36
Positive Psychologie 141
Psyche 20, 22, 45

Qi Gong 16, 31, 70
Quadrat 57, 63f.

Räucherkohle 124
Räuchern 14, 16, 29f., 39, 55, 78f., 85, 120, 133, 136
Räucherstäbchen 16, 78, 81, 125, 152
Räucherwerk 76, 78, 81
Raum, geschützter 26ff., 64, 97 siehe auch Innenraum
Reinigung 16, 29f., 43f., 46, 78ff., 105, 119f., 135
Reizintensität 18
Rituale
- Beginn 13
- ganzheitliches Erleben 19
- grundlegende Elemente 25ff.
- Kernteil 91ff.
- Vorbereitung 73ff.
- Wesen der 7
- Wiederholungscharakter 23
- Wirkung 8ff., 17ff.
- Zauber der 23ff.
Ritualende 97f.
Ritualgegenstände 81f.
Ritualheft 98
Ritualplatz 75ff.
Rosmarin 39
Routine 9f.

Saatkörner 132, 146f.
Salbei 16, 78

Salomon 62
Salzwasser 78
Sauna 79
Schale, feuerfeste 114, 124
Schärpen 82
Schwitzhüttenrituale 30, 79
Seelenhygiene 119, 135
Segnen, liebevolles 151f.
Shaolin-Mönche 70
Sicherheit gewinnen 18
Sinnhaftigkeit des Lebens 15
Solarplexus 151
Sommer 134f., 141ff.
Sommersonnenwende 139f.
Sonne 40f., 50, 57, 90, 94
Sonnengeflecht 69, 115
Spiritualität 31
Stabilität 8, 10f., 16, 23, 48, 64, 134, 142
Stein als Symbol der Befreiung 118f., 146
Steinkreis 77
Sterne 57
Stirnchakra 82
Stoppgeste 67
Stress 44, 54
Symbole 21ff., 31, 56ff., 75, 114, 117

Tagebuch 98
Tai Chi 16
Taoismus 61, 109, 134
Teilnahmeerklärung (Ritual) 86ff.
Tempel 77f.
These — Antithese — Synthese 61
Toleranz 144

158

REGISTER

Ton modellieren 143
Transformation 62
Transzendenz 15, 24, 32, 55ff., 88
Trauer 118, 121ff.
Traumdeutung 63
Trennen 67, 69, 92
  siehe auch Loslassen
Trennungsritual 12, 67, 93
Tun im Nicht-Tun (Weisheit des Taoismus) 134
Turner, Tina 81

Übergänge, kraftvolle 127ff.
Übergangsrituale 41, 128ff.
Unbewusstes 20ff., 96, 129
Uroborus (Schlange) 59
Utensilien früherer Rituale (Verwendung) 133

Vater — Mutter — Kind 61
Vater — Sohn — Heiliger Geist (Dreieinigkeit) 62
Verabschiedung 68, 94, 110, 121ff.
  siehe auch Trennen
Verbrennen 113f., 124
Versöhnungsritual 12, 60, 105
Vier (Zahl) 57, 64
  siehe auch Quadrat
Viereck 63
Vier-Punkte-Gold 64
Visionen 70, 82, 90, 138f., 151
Vollbad 79
Von der Last befreit (Ritual) 118f., 146
Vorbereitung, ordnende 80ff.

Wacholder 16, 39, 78
Was danach kommt (Ritual) 131f.
Wasser 33, 41ff., 57f., 69, 76, 78, 88f., 94, 117f., 122f., 139, 147
Wasser-Energie 109
Wechseljahre 128, 130
Wechseljahr-Ritual 130
Weihrauch 30
Weihwasser 30
Willkommensgeste 69
Wind 56, 91, 145
Winter 135, 145f.
Wintersonnenwende 137
Wirklichkeit wahrnehmen 101f.
Wunderkerze 137
Wünsche, kraftvolle 129

Yin und Yang 70

Zahlen 57
Zeitlinie, Symbol der 104
Zentrierung
— lösen 95f.
— innere 28ff., 48, 58, 81, 84, 86ff., 123, 148, 154
Zeremonie 10f., 17, 26, 32
Zimbeln 30, 85, 97
Zu-Bett-bring-Rituale 8f.
Zufriedenheit 17
Zuordnungen 89
Zur-Ruhe-kommen 147
Zwei (Zahl) 57, 59
Zyklen, wiederkehrende 134

159

Über dieses Buch

Impressum

© 2013 der deutschsprachigen Ausgabe Irisiana Verlag, in der Verlagsgruppe Random House GmbH München

Redaktion: Diane Zilliges
Satz und Layout: Der Buchmacher, Arthur Lenner, München
Projektleitung: Sven Beier
Bildredaktion: Markus Röleke
Korrektorat: Susanne Langer
Umschlaggestaltung: Geviert – Büro für Kommunikationsdesign, München
Druck und Bindung: Litotipografia Alcione, Trento

Hinweis für unsere Leser

Die Informationen in diesem Buch sind von Autorin und Verlag sorgfältig erwogen und geprüft, dennoch kann eine Garantie nicht übernommen werden. Eine Haftung der Autorin bzw. des Verlags und seiner Beauftragten für Personen-, Sach- und Vermögensschäden ist ausgeschlossen.

Alle Rechte vorbehalten.
Vollständige oder auszugsweise Reproduktion, gleich welcher Form (Fotokopie, Mikrofilm, elektronische Datenverarbeitung oder durch andere Verfahren), Vervielfältigung, Weitergabe von Vervielfältigungen nur mit schriftlicher Genehmigung des Verlags.

Bildnachweis

Fotolia: 97 (Wondermallow); Galitz, Lore: 66; Gettyimages: 6 (John P. Kelly), 12 (Jupiterimages), 22 (Luke Stettner), 29 (Caroline Woodham), 34 (Rebecca Wallenta), 38 (Rolfo Rolf Brenner), 45 (Tobias Bernhard), 49 (zhang bo), 54 (Stephen Wilkes), 62 (Michael Mellinger), 63 (Ed Darack), 68 (by Derek Z), 72 (Pat LaCroix), 76 (Chris Gramly), 86 (Joel Carillet), 100 (Grant Faint), 108 (MoMo Productions), 116 (Joseph Devenney), 126 (Peter Cade), 132 (James A. Guilliam), 144 (swedewah), 150 (IBushuev), 152 (Tetra Images); Plainpicture: 122 (Nina Buesing); Shutterstock: 58.

Printed in Italy

ISBN 978-3-424-15198-5

817 2635 4453 6271

Verlagsgruppe Random House
FSC®-N001967
Das für dieses Buch verwendete FSC®-zertifizierte Papier *Profimatt* liefert Sappi, Ehingen.